小学校理科を教えるために知っておきたいこと

初等理科内容学と指導法

平田豊誠・小川博士　編著

東洋館
出版社

はじめに

本書は，

▶ 教育内容学「理科」または教科専門「理科」（教科に関する専門的事項「理科」）関係のテキスト，理科指導法（理科教育法）のテキスト

▶ 小学校の先生が理科を教えるにあたってのより深い理解と広い知識を身に付け，授業実践力の向上を目指すための図書

として活用してもらうことをねらいとして執筆・刊行したものです。小学校で理科を教えるために教師として知っておいてほしい理科の専門的内容を，具体例をもとに，要点を絞って分かりやすく解説してあります。加えて理科の指導法（理科教育法）にもつながるものであり，教育現場での指導にも十分に役立つ内容となっています。

　第Ⅰ部では，「理科これだけは―小学校で理科を教えるにあたって」として理科と自然科学，科学の方法，観察・実験の位置付け，学習指導要領の読み取り方などの基本的な事柄を解説しています。第Ⅱ部「しっかりとした理解に基づく小学校理科指導のために」では，教える側の教師も誤解しているかもしれないことを取り上げながら，子どもたちに理科の内容をどのように解釈し教えていけばよいのかということを具体例や実践事例を挙げながら解説しています。第Ⅲ部「授業実践力の向上のために」では，理科の学習を基本に据えながら，他の教科や領域でも存分に活用していくことが可能な教授方法や授業実践に関する内容を解説しています。また，各章末には「学習課題」によって学びの確認・振り返りをできるようにし，「さらに学びたい人のための図書」によってより詳しく学んでいくことや主体的に学修を進めていくことが可能となるようにしています。

　本書の執筆者は理科教育学研究者，小学校，中学校，高等学校の現場経験者，教育行政経験者であり全員が博士号をもっています。いわば研究と実践の

エキスパートであり，執筆者自身の実践経験を理論と研究で裏付けながら，分かりやすい教授内容を提案しています。その際には，子どもたちや教師ももっている科学的に誤りやすいことも取り上げ，科学的内容へ再構成していく提案も行っています。本書を手に取って学ぶことで「理科」に対する理解を大いに広げ深めていってほしいと思います。そして，自信をもって理科を指導してもらうことを願っています。

　本書を刊行するにあたり多大なるご支援をいただいた株式会社東洋館出版社編集部の上野絵美さんに感謝申し上げます。

　最後に，本書の執筆者に博士研究をご指導くださり，執筆のご縁をいただくきっかけとなりました兵庫教育大学名誉教授の松本伸示先生に厚く御礼申し上げます。

2021 年 12 月　編者代表　平田　豊誠

目　次

はじめに ……………………………………………………………………… 001

刊行によせて ………………………………………………………………… 005

第Ⅰ部
理科これだけは──小学校で理科を教えるにあたって　007

第1章　小学校で理科を教えるにあたって──科学とは何か ………… 008

第2章　学習指導要領の読み解き方 ……………………………………… 020

第3章　科学の方法──問題解決の過程 ………………………………… 032

第4章　問題解決と学ぶ必然性 …………………………………………… 045

第Ⅱ部
しっかりとした理解に基づく小学校理科指導のために　057

第5章　エネルギー領域で知っておくとよい概念 …………………… 058

第6章　粒子領域で知っておくとよい概念 …………………………… 071

第7章　生命領域で知っておくとよい概念 …………………………… 084

第8章　地球領域で知っておくとよい概念 …………………………… 098

第9章　エネルギー領域「音」を題材にした科学的問題解決 ……… 112

第10章　粒子領域「燃焼の仕組み」
　　　　：実社会，実生活との関連を意識した単元構成 ……………… 125

第 11 章　生命領域「植物の発芽，成長，結実」を題材にした
　　　　　理科授業の動機付けの工夫 ………………………………… 135

第 12 章　地球領域「星の観察や月の満ち欠け」を題材とした天文教育 … 147

第 13 章　理科の先生のためのヒント集 ………………………………… 160

第Ⅲ部
授業実践力の向上のために
173

第 14 章　目標とルーブリックを明示した形成的評価による学習 ………… 174

第 15 章　資質・能力を育成する探究活動 ……………………………… 185

第 16 章　OPPA 論を活用した学習・授業改善 ………………………… 197

第 17 章　子どもどうしで行う作問の授業 ……………………………… 210

第 18 章　話合い活動—Think-Pair-Share ……………………………… 221

索引 …………………………………………………………………………… 231

編著者紹介・執筆者一覧 …………………………………………………… 236

刊行によせて

　本書は，かつて兵庫教育大学大学院連合学校教育学研究科（博士課程）の私の研究室に籍を置き，博士号を取得された諸氏によって執筆出版されたものです。執筆者諸氏の研究は，理論研究に終始することなく，目の前の子どもたちにつながる教育課題に正対し，教育実践によって明らかにしていったものでした。本書は，それらの成果を生かし発展させたものとなっております。

　今日，小学校理科は，子どもたちにとって好きな教科の1つです。ただ，それにもかかわらず内容理解が難しいとされる教科でもあります。教える側の先生自身もどう授業をつくったらよいのか，戸惑うことがあるかもしれません。そんなときに本書は，みなさんの助けになると思います。なぜなら本書の執筆者諸氏も戸惑い，そこから課題を見いだし克服しようとしてきたからです。博士研究では，みなが悩み苦しんで理科の授業づくりを行ってきました。その中で明らかになってきたことが本書の中に埋め込まれています。

　また本書は，新しい理科に対応しています。加えて，不易なものをも含んでいます。学習指導要領はほぼ10年ごとに改訂されます。教師は改訂のたびに多くのエネルギーを使って新しい理科を追いかけることになります。私自身も含めて執筆者諸氏もその経験をしてきました。その過程で不易なものの強さを知ることになりました。本書では，この不易なものにも焦点が当てられています。それは理科という教科の本質，理科を教えるという行為の本質，子どもたちが理科を学ぶという活動の本質でもあります。そこには単なるハウツー本では啓かれない知識の深みがあります。それはまた理論からのみ導かれたものでもありません。実践という行為を通して昇華されたものとなっています。

　読者のみなさんは，教師としての経験を積むことによって，本書の同じ文章がその時々で新たな意味を投げかけてくることに気が付かれると思います。その意味において，本書はいつになってもその新しさを失うことはないでしょう。

　最後になりますが，本書を出版するにあたりお骨折りいただいた平田豊誠氏，小川博士氏に心より感謝申し上げます。

第 1 部

理科これだけは
－小学校で理科を教えるにあたって

CHAPTER 1

小学校で理科を教えるにあたって—科学とは何か

　本章では，小学校で理科を教える立場になる人が理解しておくべき科学（自然科学）について，用語の意味や人々の一般的な捉え方，理科との違いなどの視点から解説する。後半では，子どもが理科を学ぶ中で獲得していく「理科を学ぶ意味・意義」について，調査結果などを踏まえながら考察していく。

1 科学（Science）のルーツを探る

　一般に「科学」という言葉を用いるとき，「自然科学」をイメージする場合が多いだろう。しかし，自然科学の用語の意味，すなわち，「『自然』に関する（を対象とする）科学」という語意を明確にするとき，当然のことながら人文科学や社会科学も「科学」であることに気付く。いわゆる理系科目に関わる学問分野のみを「科学」と称するわけではない，ということである（表1-1参照）。

表1-1　学問の分類
※　学問の分類は国によって異なる実態があり，この表は我が国の分類の一例を示している

人文科学	社会科学	自然科学	応用科学	総合科学・学際新領域
文学，哲学，心理学，言語学，芸術学，歴史学，文化人類学など	法学，政治学，経済学，経営学，社会学，教育学など	物理学，化学，生物学，天文学，惑星地球科学，地質学など	工学，農学，医学，薬学，歯学，計算機科学，建築学など	環境学，情報学，健康科学，生活科学，社会福祉学など

　では，「科学」の本来の意味は何であろうか。科学はScienceの和訳にあたるが，そのルーツは，ラテン語のScientia（スキエンティア）に遡る。17世紀の哲学者F.ベーコン（図1-1）の有名な格言「知は力なり（scientia est potentia）」から，Scientiaが「知ること」や「知識」を意味することが分かる。すなわち，科学の本来の意味は，「（対象を）知ること」であり，その意味が拡張され発展していく中で，特に我が国においては，多岐に分かれた（≒分科し

た）個々の学問の意味として，「科学」が用いられる
ようになったと言われている。

　「知ること」や「知識」という「Science（＝科学)」
の本来の意味を改めて確認するとき，学び手の知りた
いという欲求から生み出されてきた当該分野の様々な
知見や手法としての「科学」に対して，人間らしい営
みとして展開されたその成果，すなわち，人間による
創造物という側面を見落とさないようにすべきである。

図1-1　F. ベーコン
の肖像画

2 「科学」の定義とは

　前節で述べた「科学」のルーツを踏まえ，ここで今日的な「科学」の定義を
確認しておく。辞典・辞書類に記された「科学」の定義に，「事物の構造や法
則を探究する人間の理性的な認識活動，および，その所産としての理論的，体
系的な知識」（哲学事典，1992から引用）がある。少々難解な表現ではある
が，現代の「科学」を的確に言い表している。

　このような一般的な定義を基礎としつつ，研究者たちは，これまでにそれぞ
れの視点や関心から「科学」の定義，言い換えれば「科学」の捉え方や概念の
修正・拡張を試みてきている。例えば，山田（1970）の「それぞれの社会と文
化はいずれも固有の科学を持ち，科学はその社会と文化の維持に不可欠な機能
の一部を果たしていく」という科学の捉え方や，小川（2006）の「生活世界に
根ざし，当該社会に生きる人々にある程度共有されている世界の理解の仕方
を，その文化・社会の『土着科学』と呼ぶ」という指摘は，社会や文化に固有
の事象に対する説明や理解の仕方が，「科学」になり得ることを指摘したもの
である。さらに，近年の構成主義学習論[1]における子ども固有の理解の仕方へ
の意味付け，価値付けとしての「子どもの科学」という指摘は，子どもらしい

1　構成主義学習論…知識や概念は，教授者（≒教師）から伝えられたものが獲得されるの
ではなく，学習者（≒子ども）が自分自身で意味を創ることを通じて獲得されるという立場
で，学習を捉えようとするもの。

学びの中に積極的に科学の側面を見いだそうとするものであり，「土着科学」と並んで，より広く科学を捉えようとする立場と位置付けられる。

科学の定義を前提とした「一般的な意味で捉える科学」と，その修正・拡張である「広い意味で捉える科学」の関係を，図1-2に示した。

このような科学の捉え方の修正・拡張は，特に学校教育における科学（≒理科）の教授・学習を具体的にイメージするとき，重要な視点を提起

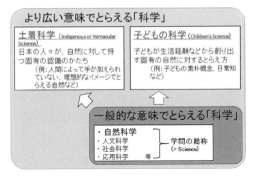

図1-2　「科学」の捉え方の修正・拡張

しているといえるだろう。それは，社会や文化に根ざした固有の科学を子どもの学びの起点としながら，それを学問としての（自然）科学に焦点化していく，そのプロセスが十分に確保されなければならないということである。

③ 「自然科学」のイメージを問い直す

先の「科学」の定義を前提とするとき，学校における教科「理科」のバックボーンに位置する「自然科学」は，「再現可能な観測，観察や実験に基づいて，自然の構造や自然現象の法則を探究する個別科学」と定義付けることができる。この自然科学に対して，多くの人々がもつその手法のイメージは，おそらく次のようなものであろう。

> たくさんのデータを集める中で一般的な原理（きまり）を見いだし，その原理から演繹によって導かれた結果を観察することで，最初の原理を検証したり必要に応じて修正したりする。そしてまたそれを，次の演繹のプロセスにつないでいく。

上記の考え方は，多くの一般市民や理科を担当する教師が素朴に信じている科学の手法のイメージだが，この冒頭部分で述べられている手続きは，いわゆ

第Ⅰ部
理科これだけは－小学校で理科を教えるにあたって

る帰納法（帰納主義）の考え方に沿ったものである。それは，「有限個のデータを集めて導き出した原理が，いつでも（すべてのケースに）当てはまる」という信念に支えられていると考えられるからである。

この有限個の観察命題から普遍的な命題（≒科学理論や法則）を導くことは，論理的に正

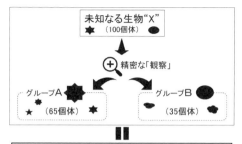

図 1-3　帰納法の事例

しくない。具体例を挙げてみよう。例えば，直接観察可能な未知なる生物 X の存在を仮定する（図 1-3）。その生物 100 個体をサンプルとして精密に観察したところ，A という特徴をもった 65 個体（グループ A）と，別の B という特徴をもった 35 個体（グループ B）に分けられることが見いだされた，とする。この調査・観察から，この未知なる生物 X は，A か B のどちらかの特徴を必ずもっていると言い切れるか，ということである。確かに，100 個体もの数を調査したのであるから，A，B どちらかのグループに区分できる特徴をもっている可能性は高い。しかし，101 個体目に採取したものが，必ず A か B のどちらかの特徴をもっていると断言することは，論理的に不可能である。これは，科学の手法から見たとき，帰納法が科学にはなり得ないということを示している。小学校理科では，科学の手法としてこのような帰納的な手続きや考え方を用いると誤解される向きもあるが，上記の理由から，あくまでも自然科学の手法は，帰納法ではなく仮説演繹法であることをここで確認しておく。

このように考えると，なぜ，科学になり得ない帰納法を理科で用いるか，という疑問が浮かぶのかもしれない。これについては，科学の手法を獲得していく過程にある子ども，という視座をもつことが有益な示唆を与えてくれる。

子どもは，小学校 3 年生で理科という教科に出会うことを皮切りに，少しずつではあるが自然科学に触れていく。理科の授業では，子どもが自然事象に対

して疑問をもったり，それを問いのかたちで文章化したりすることや，その疑問等に自分なりの思いや考えを載せながら問題解決を図ることができるように学習活動が計画される。このようなかたちで展開される理科の授業においては，問題の見いだしや自分なりの思いや考えとしての予想・仮説を明確にする場面の中で，帰納法の考え方や手続きを用いることが有意味であるということである。したがって，実際の授業の中では一律に帰納法を導入するのではなく，子どもの実態に応じて選択すべきであろう。

　このように見てくると，理科が，純粋な自然科学とは異なる側面や性質を併せもった教科であることが，少しずつ明らかになってくる。この理科と自然科学の違いについては，次節でさらに具体的に明らかにしていく。

4 「自然科学」と「理科」—この似て非なるもの—

　前節でも一部触れたように，理科のバックボーンに自然科学があることは，誰もが認めるところである。だが，学校教育では理科という教科名が用いられることが一般的であって，科学（自然科学）という名称が用いられることはほとんどない。なぜだろうか。これについては，小川（1998）の理科と自然科学の共通点と相違点に関する論考を参照にすることが有益である。

　小川は，学習指導要領に示された理科の目標を「科学に関する教育」の側面と「自然に関する教育」の側面の二成分に分けることを試みた（図1-4）。（ここでは，分かりやすさに配慮して，2008年版の小学校学習指導要領解説理科

小学校「理科」の目標　（小学校学習指導要領解説「理科」編：2008年8月）

①自然に親しみ，②見通しを持って観察，実験などを行い，③問題解決の能力 と ④自然を愛する心情を育てるとともに，⑤自然の事物・現象についての実感を伴った理解を図り，⑥科学的な見方や考え方を養う。

「『科学』に関する教育」の側面	「『自然』に関する教育」の側面
（自然科学の伝統に関わる要素）	（日本の伝統的な自然観に関わる要素）
②，③，⑤，⑥ を抽出	①，④ を抽出

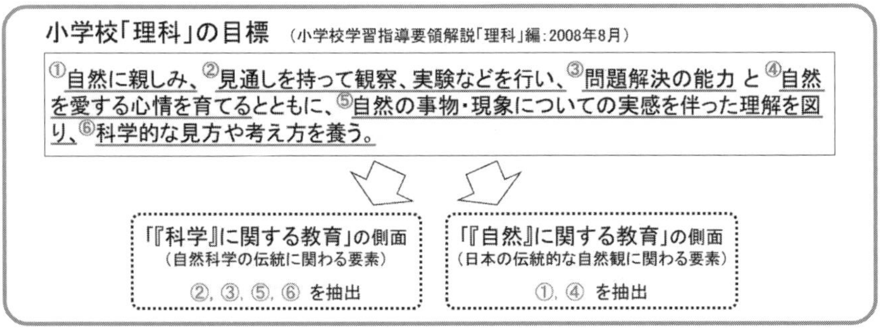

図1-4　小学校理科の目標の分析と分類

編に記されている理科の目標を例に説明していく。同様の特徴は，2017年版の小学校学習指導要領解説理科編に記された理科の目標においても確認できる。）

「科学に関する教育」の側面とは，西洋由来の自然科学の伝統に関わる要素，すなわち自然科学の成分にあたるものを指し，「自然に関する教育」の側面とは，日本の伝統的な自然観に関わる要素，すなわち，日本に暮らす人々が抱きがちな自然に対する捉え方や感覚にあたるものを指す。この2つを指標として先の理科の目標を読み解いていくと，下線部②，③，⑤，⑥の表記部分が「科学に関する教育」の側面として，また，下線部①，④の表記部分が「自然に関する教育」の側面として解釈・抽出できる。

この分析から，小川（1998）は，「日本の『理科』が，異なる文化的伝統を内部に抱え込んだ教科であること」「しかし，実際は，そのことがあまり意識されないままに渾然一体化したかたちで抱え込んだ，特殊な形態の教科であること」を指摘している。すなわち，日本の「理科」は，「科学に関する教育」の側面に加えて「自然に関する教育」の側面を併せもっているところに，欧米諸国にはない特徴をもっていることを指摘しているのである。

この「自然に関する教育」の側面は，先の理科の目標の記述内容を踏まえると，「自然に親しむ」意識や「自然を愛する心情」の涵養などがこれにあたると考えられる。これらは，日本に暮らす人々の多くが抱く人間と自然を一体的に捉えようとする自然観に支えられており，無秩序で未開拓な状態を前提に自然の改変をもくろむ西洋的な自然観とは異なるものである。

我が国の理科教育に対するこのような捉え方は，角屋（2013）の「理科教育は，科学概念を教えるだけではない！ 人間性と，学習者が科学的に妥当な知を創造していく能力を身に付けさせる（教科である）」（括弧内は筆者が追記）という主張とも符合する。小学校教育に携わる者としては，この理科の内容的な側面の特徴について正しく理解しておくべきである。

加えて，小川（1998）は，理科において子どもが真に科学する（≒科学的な活動に参画する）ことが実現できているかどうかは，子どもの内面に自然事象

に働きかける明確な意図や目的意識があるかどうかによる，と指摘する。

子どもが楽しそうに観察や実験に取り組んでいる姿は，学校の理科授業だけでなく科学館や博物館といった社会教育施設などでもしばしば見られる。このような姿を見るにつけ，我々大人は「子どもたちが科学的な活動に関わって（参加して）い

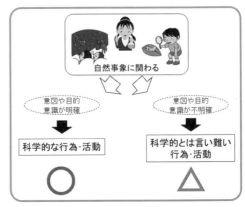

図1-5　自然事象に関わる際の科学性の判断

る」と捉えがちになる。実際に観察や実験を通して自然事象にアプローチしているのだから，科学的な活動をしている（≒科学している）と捉えても何ら不思議はない。これに対して，小川は，外見から判断できるような活動そのものではなく，対象を知ろう，確かめようとする意図や目的意識があるかどうかで判断されるべきである，と主張するのである（図1-5）。

教師に促されるままになんとなく観察や実験を行っている子どもや，それらの活動を楽しい時間と位置付けてしまう子どもは，実際の理科授業でも見られるが，そのような意識の下で進める諸活動は，科学とは似ても似つかないものになってしまっているということを，教師としては十分に理解しておくべきである。

2017年版小学校学習指導要領の理科の目標に「見通しをもって」や「主体的に問題解決しようとする態度」等の記述がなされたり，汎用的な資質・能力育成の観点から広く「主体的・対話的で深い学び」の実現が要請されたりしている現在において，子どもの主体性を最大限重視することは，科学の性質の観点からも大変重要なことであるということを，ここで併せて確認しておく。

5 理科を学ぶ意味・意義とは

（1）大人が捉える「理科を学ぶ意味・意義」

　「理科を学ぶ意味・意義は何か」と問われたとき，どのように答えるだろうか。大人がイメージしたり答えたりしがちな理科を学ぶ意味・意義について，図1-6にその具体例を挙げてみた。

　例えば，Aさんの考えは，理科が生活の中で役立つ可能性に言及したものと捉えるならば，個人として「実用性や有用性」を「理科を学ぶ意味・意義」と考えたと解釈できる。また，Bさんは，我が国の将来に向け

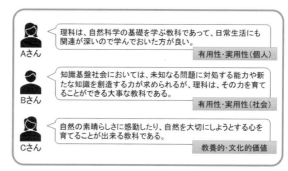

図1-6　理科を学ぶ意味・意義に関する大人の捉え方の例

た人材育成の観点から主に能力の育成に言及しており，国や社会といった広い意味での「実用性や有用性」を意識した意見と解釈できる。そして，Cさんの考えは，理科の学習を通じて身に付けることを期待する，人間がもつべき心についての指摘と解釈でき，「教養的・文化的価値」として特徴付けることができる。

　理科を学ぶ意味・意義について，図1-6からは「実用性や有用性」と「教養的・文化的価値」の2つの要素を明確にすることができるが，これは，この種の研究のルーツともいえるHuxley, T.H.（1895）の指摘，すなわち科学教育の3つの価値としての「実用的価値」「専門家育成のための準備教育としての価値」「一般教養的価値」の指摘に通じるものと解釈できる。

　以上を踏まえ，大人（＝教授者）が捉える理科を学ぶ意味・意義について，「実用性・有用性」と「教養的・文化的価値」の2つの側面を明らかにしておく。

（2）子どもが捉える「理科を学ぶ意味・意義」とは

　前項では，大人（＝教授者側）が捉える理科を学ぶ意味・意義を検討した。では，子どもも同様の視点から理科を学ぶ意味・意義を見いだしたり捉えたりしているのだろうか。

　理科を学ぶ意味・意義に関する子どもの意識調査の結果が報告された『理科の教育』誌（2013 年 4 月号）から，学校種別で調査結果を整理したものを表1-2 に示す。調査対象は，小学 3 年生，中学 3 年生，理工系学部所属の大学生であり，それぞれ別の研究者や教育実践者が調査を行っている。この結果は，大人の捉え方と比較することで，共通する部分や異なる部分が明確になる点で大変興味深い。

表1- 2　実態調査から明らかになった「理科を学ぶ意味・意義」の要素
（日本理科教育学会編『理科の教育』2013 年 4 月号に掲載された論文をもとに筆者が作成）

小学校 3 年生 （谷岡：2013）	中学校 3 年生 （小椋：2013）	理工系学部の大学生 （榊原：2013）	「理科を学ぶ意義」の要素
・生活に必要だから ・将来の夢のために ・進学（受験）に必要だから	・生活・知識 ・生き方 ・成績・学力・技能	・日常生活，災害時に生かす知識 ・論理的思考力 ・職業選択（理系） ・国家の発展のための人材育成	実用性・有用性
	・見方・考え方・理解 ・環境・科学技術の発展・教育	・現状の改善につながる考え方	教養的・文化的価値
・理科学習が面白いから	・興味	・好奇心を満たすため ・おもしろいから	興味・関心

　表1-2 から明らかなように，子どもが捉える理科を学ぶ意味・意義については，大人が捉える 2 つの価値要素（「実用性・有用性」と「教養的・文化的価値」）に加え，「（自然事象に対する）興味・関心」の要素が加わる点に特徴がある。そして，この要素は，調査を行った全学校種・学年から抽出された点も

第 I 部
理科これだけは－小学校で理科を教えるにあたって

注目に値する。これに対して，大人で指摘された「教養的・文化的価値」については，小学3年生では抽出されなかったことも注目すべき点であろう。この価値に気付いたり意識できたりするのは，小学校高学年あるいは中学校あたりからになる可能性が高いということが推察される。

これらの結果から，子どもが捉える理科を学ぶ意味・意義に関する実態について，次のようなことが考察できる。

1つ目として，子どもは，大人と同じ「実用性・有用性」や「教養的・文化的価値」の側面に対する意識をもっていることに加え，自然事象や理科学習に対する「興味・関心」を理由に挙げ，理科を学ぶべきである，学ぶ価値があると捉えていることである。この意識は，この調査対象すべてに共通していたことから，学び手の立場から指摘される可能性が高い要素と考えられる。

2つ目として，3つの調査結果の比較から，自然事象や理科の学習に対する「興味・関心」と理科の「実用性・有用性」については，小学校の頃からある程度まで意識できていて，学年が上がるにつれてそれがさらに「教養的・文化的価値」の側面へとつながっていくような，言い換えれば，理科を学ぶ意味・意義に対して，広がりや豊かさが生じるような変化が起きる可能性が推察できることである。以上の特徴を，成長や発達の視点から子どもの理科を学ぶ意味・意義の広がりとして表した図を，図1-7に示す。

子どもが捉える理科を学ぶ意味・意義について，その具体を述べてきたが，実践者である教師は，このような子どもの意識の変化を丁寧に読み解きながら，授業を進めていく必要があるだろう。理科を学ぶ意味・意義を十分に見いだせないままに学習を継続していく

図1-7　子どもの理科を学ぶ意味・意義の捉え方の広がり

と，理科嫌いの気持ちを芽生えさせてしまうかもしれない。自然事象に対する素朴な興味や，疑問を追究し解決する楽しさ，そして理科の有用性など，子どもらしい純粋で率直な気持ちに対して，学校教育は応えていく必要がある。進学や就職には役に立っても，日常生活にはほとんど生かされず，科学の世界の本当のおもしろさを感じとることができなくなっていくと，「とにかく覚えておけばいいんだ！」とか，「よく分からないけど，そういうものとして理解しておこう」といった意識を，子どもの内面につくってしまう。そして，このような意識が，中学校・高等学校に進んだ時点で，理科を暗記科目だと考える誤解につながり，「本物の科学（≒科学の本質）」を学べなくなってしまう要因になっていく。

　子どもが理科を学ぶ意味・意義を見いだし，それを少しずつ広げたり豊かにしたりできるように，我々は理科の授業づくりに最大限の努力を傾けるべきである。子どもは，日々の理科授業を通じて少しずつ科学（自然科学）に触れはじめるということを念頭に置き，理科を学ぶ意味・意義を高める授業を追究し提供すべきである。

引用・参考文献

山田慶児（1970）：パターン・認識・制作—中国科学の思想的風土—，広重徹編，科学史のすすめ，筑摩書房

林達夫・野田又夫・久野収・山崎正一・串田孫一監修（1992）：哲学事典，平凡社（初版23刷）

小川正賢（2006）：科学と教育のはざまで—科学教育の現代的諸問題—，東洋館出版社

小川正賢（1998）：「理科」の再発見—異文化としての西洋科学—，農山漁村文化協会

角屋重樹（2013）：なぜ，理科を教えるのか—理科教育が分かる教科書—，文溪堂

表1-2に掲げた3つの調査研究は，以下の文献に掲載されている。

・日本理科教育学会編：理科の教育，2013年4月号，Vol.62，No.729

Huxley, T. H.（1895）. *Collected Essays Vol.III : Science and Education*, pp.136-139, Macmillan and Co.

学習の課題

本章で述べたように，小学校「理科」の目標に「自然に親しむ」ことや「自然を愛する心情を養うこと」（＝「自然に関する教育」の側面）が盛り込まれており，これが我が国の理科の特徴にもなっている。この目標の実現に向けて，あなたは理科でどんな指導をしていきたいか。自分なりの意見や考えをまとめてみよう。

【さらに学びたい人のための図書】
　角屋重樹（2013）：なぜ，理科を教えるのか―理科教育が分かる教科書―，文溪堂
　　　⇒我が国の学習指導要領の改訂に携わった著者が，理科学習の目的・目標に関わる本質
　　　的な議論など，理科教育の意義を分かりやすく伝えることを意図して編纂されたも
　　　の。理科教育の入門書として目を通すことをすすめたい。

　小川正賢（1998）：「理科」の再発見―異文化としての西洋科学―，農山漁村文化協会
　　　⇒学校教育における理科を，社会や文化という視座から問い直した良書。本章の中でも
　　　多く引用しており，目を通すことを勧めたい。

　小林傳司・中山伸樹・中嶋秀人（1991）：科学とは何だろうか―科学観の転換―，木鐸社
　　　⇒近年の自然科学に対する捉え方の変遷を論じた良書。科学史や科学哲学に触れるきっ
　　　かけとして進めたい良書であるが，関連の領域の知識がないと読みにくいかもしれな
　　　い。

（加藤圭司）

CHAPTER 2 学習指導要領の読み解き方

以前，ある学生と以下のようなやりとりをしたことがある。

··

　学生「先生，物の重さ，習った記憶がないんですよねぇ」

　筆者「基本的にそんなことはないはずです。忘れているだけだと思いますよ」

　学生「うーん。そうなんですかね。というか，全国どこでも同じ勉強しているんですか？」

　筆者「そうですね。もちろん，先生によって指導の仕方に違いはありますが，小学校理科の目標や教育内容は小学校学習指導要領で定められていますから」

··

　「学習指導要領」では，各教科等の目標や大まかな教育内容，年間の標準授業時数等を定めている。全国のどの地域で教育を受けても，一定水準の教育を受けられるように文部科学省が定めている教育課程（カリキュラム）の基準である。また，学習指導要領に書かれている内容を具体的に理解できるように，教科等ごとに「学習指導要領解説」が発行されている。小学校理科ならば，「小学校学習指導要領（平成29年告示）解説理科編」（以下，解説理科編）がある。小学校理科の目標や内容の具体について知りたいときには，解説理科編をしっかりと読むようにしたい。授業づくりの際にも大変参考になるものである。本章では，解説理科編の「ここだけは押さえたい！」ところに絞り，効果的に読むためのポイントを示すことにする。

1　小学校理科の目標には何が書かれている？

　2017年版小学校学習指導要領では，教育課程全体を通して育成を目指す資質・能力を「知識及び技能」「思考力，判断力，表現力等」「学びに向かう力，

人間性等」の３つの柱で整理されている。それを踏まえて，小学校理科の目標を次のように定めている（図2-1）。

自然に親しみ，理科の見方・考え方を働かせ，見通しをもって観察，実験を行うことなどを通して，自然の事物・現象についての問題を科学的に解決するために必要な資質・能力を次のとおり育成することを目指す。

知識及び技能　(1) 自然の事物・現象についての理解を図り，観察，実験などに関する基本的な技能を身に付けるようにする。

思考力，判断力，表現力等　(2) 観察，実験などを行い，問題解決の力を養う。

学びに向かう力，人間性等　(3) 自然を愛する心情や主体的に問題解決しようとする態度を養う。

図 2-1　小学校理科の目標　（文部科学省，2018 を参考に筆者が加筆して作成）

　小学校理科において育成を目指す資質・能力は，(1) ～ (3) に示されている。(1) には「知識及び技能」，(2) には「思考力，判断力，表現力等」，(3) には「学びに向かう力，人間性等」に関わる資質・能力が対応している。この小学校理科の目標を構造的に示すと図2-2のようになる。

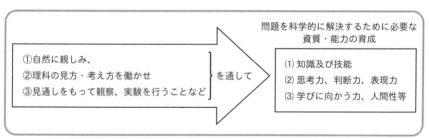

図 2-2　小学校理科の目標構造　（鳴川ら，2019 を参考に筆者が作成）

　図2-2のように小学校理科の目標を構造的に捉えると，どのような学習過程を通して，資質・能力の育成を目指すのかが分かるだろう。「①自然に親しみ，②理科の見方・考え方を働かせ，③見通しをもって観察，実験を行うことなど」の学習過程を通して，問題を科学的に解決するために必要な (1) ～ (3) の資質・能力を育成することが目指されているのである。なお，目標に記載されている「理科の見方・考え方」や「問題解決の力」は，小学校理科における

特徴的なキーワードとして注目されている。これらについては，後ほど解説する。

また，この小学校理科全体の目標を踏まえて，各学年の理科の目標は「A物質・エネルギー」「B生命・地球」の内容区分ごとに育成を目指す資質・能力が設定されている。例えば，図2-3には第3学年の理科の目標を示した。①には「知識及び技能」，②には「思考力，判断力，表現力等」，③には「学びに向かう力，人間性等」に関わる資質・能力が対応している。どの学年の目標もこのような書き方となっているので，確認してみてほしい。

	(1) 物質・エネルギー
知識及び技能	①物の性質，風とゴムの力の働き，光と音の性質，磁石の性質及び電気の回路についての理解を図り，観察，実験などに関する基本的な技能を身に付けるようにする。
思考力，判断力，表現力等	②物の性質，風とゴムの力の働き，光と音の性質，磁石の性質及び電気の回路について追究する中で，主に差異点や共通点を基に，問題を見いだす力を養う。
学びに向かう力，人間性等	③物の性質，風とゴムの力の働き，光と音の性質，磁石の性質及び電気の回路について追究する中で，主体的に問題解決しようとする態度を養う。
	(2) 生命・地球
知識及び技能	①身の回りの生物，太陽と地面の様子についての理解を図り，観察，実験などに関する基本的な技能を身に付けるようにする。
思考力，判断力，表現力等	②身の回りの生物，太陽と地面の様子について追究する中で，主に差異点や共通点を基に，問題を見いだす力を養う。
学びに向かう力，人間性等	③身の回りの生物，太陽と地面の様子について追究する中で，生物を愛護する態度や主体的に問題解決しようとする態度を養う。

図2-3　第3学年の理科の目標　（文部科学省，2018，p.29に筆者が加筆して作成）

2 　理科の内容はどのように構成されている？

小学校理科の内容構成は，「A物質・エネルギー」と「B生命・地球」の2区分で整理され，「エネルギー」「粒子」「生命」「地球」という4つの領域が位置付けられている（表2-1）。また，例えば，「エネルギー」領域ならば，「エ

第Ⅰ部
理科これだけは－小学校で理科を教えるにあたって

ネルギーの捉え方」「エネルギーの変換と保存」「エネルギー資源の有効利用」というように，領域ごとに細分化され，内容の系統性が図られている。「系統性」とは順序立って組み立てられたつながりのことである。「この単元の内容は，前の学年の○○の学習内容を踏まえたものであり，次の学年の△△の学習につながる」といったように，既習と未習を関係付け，次の学習につなげるためにも，内容の系統性を確認することは大切なことである。授業づくりの際には，解説理科編の p.22 から p.25 に示された内容の系統図を確認することをおすすめする。領域ごとに何学年でどのような内容を学習するかについては，本書の第Ⅱ部でその具体を示すので参照してほしい。

表 2-1　理科の内容構成　　　　　　　　　（文部科学省，2018 を参考に筆者が作成）

区分	領域	
A 物質・エネルギー	エネルギー	エネルギーの捉え方
		エネルギーの変換と保存
		エネルギー資源の有効利用
	粒子	粒子の存在
		粒子の結合
		粒子の保存性
		粒子のもつエネルギー
B 生命・地球	生命	生物の構造と機能
		生命の連続性
		生物と環境の関わり
	地球	地球の内部と地表面の変動
		地球の大気と水の循環
		地球と天体の運動

③　理科の見方・考え方とは？

　問題を科学的に解決するために必要な資質・能力を育成するために鍵となるのが，「理科の見方・考え方を働かせる」ことである。「見方」とは「物事を捉える視点」，「考え方」とは「思考の枠組み」であり，各教科等の本質をなすものとして位置付けられている。また，理科の見方・考え方を「働かせる」主体は「子ども」である。そのため，教師には，子どもが理科の見方・考え方を働かせることができる学習場面を設けることが求められる。ここでは，理科の見方・考え方とは何かを押さえていこう。

（1）理科の見方とは？

　「理科の見方」は，様々な自然の事物・現象等を捉える視点である。解説理科編では，「理科の見方」を4つの領域ごとの特徴的な視点として整理している。授業における見方の例とともにまとめたものが表2-2である。

表2-2　理科の各領域における特徴的な見方
（中央教育審議会，2018，別添資料を参考に筆者が加筆修正して作成）

領域	見方	例
エネルギー	主として **量的・関係的な視点**	豆電球の明るさと電池の数（量）や直列・並列つなぎには関係があるのではないかと捉える。
粒子	主として **質的・実体的な視点**	水に溶かした食塩は，目には見えないが，この（水溶液）中に存在しているのではないかと捉える。
生命	主として **共通性・多様性の視点**	昆虫について，体のつくりは同じだけど（共通性），成長の仕方は違う（多様性）など，着目点を変えて捉える。
地球	主として **時間的・空間的な視点**	A市の天気は，時間が経つとどのように変わるのかと捉える。 範囲を日本全国に広げて（空間的），時間の経過とともに雲はどのように動くのかと捉える。

※その他にも，原因と結果，部分と全体，定性と定量などの見方もある。

　自然の事物・現象を，「エネルギー」領域では主として「量的・関係的な視点」で，「粒子」領域では主として「質的・実体的な視点」で，「生命」領域では主として「共通性・多様性の視点」で，「地球」領域では主として「時間的・空間的な視点」で捉えることが示されている。

　表2-2に示した見方は，領域ごとに整理されてはいるものの，領域固有のものではなく（そのため，「主として」と書かれている），他の領域でも用いることができる視点である。また，4つの視点以外にも「原因と結果」「部分と全体」「定性と定量」などの視点もあるので授業づくりの参考にしたい。

（2）理科の考え方とは？

「理科の考え方」とは，問題を科学的に解決していく過程において，どのような考え方で思考するかを表したものである。解説理科編では「理科の考え方」を，「比較する」「関係付ける」「条件を制御する」「多面的に考える」と整理している（表2-3）。なお，「理科の考え方」は「思考力，判断力，表現力等＝問題解決の力」とは異なるものであるため，留意する必要がある。

表2-3　理科の考え方 　　　　　　　　　　（文部科学省，2018を参考に筆者が作成）

比較する （主に第3学年）	複数の自然の事物・現象を対応させ比べること
関係付ける （主に第4学年）	自然の事物・現象を様々な視点から結び付けること
条件を制御する （主に第5学年）	自然の事物・現象について，どの要因が影響を与えるかを調べる際に，変化させる要因と変化させない要因を区別するということ
多面的に考える （主に第6学年）	自然の事物・現象を複数の側面から考えること

「理科の考え方」は，どれも問題解決に必要な考え方であるため，どの学年においても児童が意識的に働かせて学習できるように授業デザインすることが大切である。ただし，学年ごとに整理されている「問題解決の力」と密接に関わっているため，各学年で主に重視する「考え方」として整理しておくと分かりやすいだろう。この両者の関係性については，次節で述べる。

4 問題解決の力とは何か？

（1）問題解決の力とは？

第1節の理科の目標で示されているように，理科において育成する「思考力，判断力，表現力等」は，「問題解決の力」である。問題解決の力は，「自然事象に対する気付き→問題の見いだし→予想や仮説の設定→検証計画の立案→

観察・実験→結果の整理→考察→結論の導出」といった問題解決の過程の中で養われるものである。この過程において，各学年で求められる力は表2-4の通りである。

表2-4　各学年で重視したい問題解決の力（文部科学省，2018を参考に筆者が作成）

学年	問題解決の力
第3学年	主に差異点や共通点を基に，**問題を見いだす力**
第4学年	主に既習の内容や生活経験を基に，**根拠のある予想や仮説を発想する力**
第5学年	主に予想や仮説を基に，**解決の方法を発想する力**
第6学年	主により妥当な考えをつくりだす力

　小学校理科において，第3学年では主に差異点や共通点をもとに「問題を見いだす力」，第4学年では主に既習の内容や生活経験をもとに「根拠のある予想や仮説を発想する力」，第5学年では主に予想や仮説をもとに「解決の方法を発想する力」，第6学年では主に「より妥当な考えをつくりだす力」が問題解決の力として示されている。これらの力は，解説理科編の「指導計画作成上の配慮事項」で述べられているように，該当学年で中心的に育成する主なものとして示されたものであり，実際の指導に当たっては，他の学年で掲げている力の育成についても十分に配慮することが求められている（文部科学省，2018）。

（2）問題解決の力と理科の考え方の関係性

　前節で述べたように，理科における「思考力，判断力，表現力等＝問題解決の力」と「理科の考え方」は異なるものであるが，両者は密接に関連している（表2-5）。

　表2-5に示したように，例えば，「比較」という理科の考え方を働かせて調べることで，差異点や共通点に気付き，「問題を見いだし，表現する」ことにつながるのである。言い方を変えれば，差異点や共通点をもとに「問題を見いだす力」を育成するには，「比較する」という理科の考え方を働かせることが大切なのである。児童が問題解決の過程の中で，「理科の考え方」を働かせる

学習活動を通して，「問題解決の力」を育成するという関係性をしっかりと捉えておくようにしたい。理科授業づくりの参考になるだろう。

表 2-5　問題解決の力と理科の考え方の関係性（文部科学省，2018 を参考に筆者が作成）

学年	問題解決の力
第 3 学年	（**比較**しながら調べる活動を通して）自然の事物・現象について追究する中で，差異点や共通点を基に，**問題を見いだし，表現すること**
第 4 学年	（**関係付けて**調べる活動を通して）自然の事物・現象について追究する中で，既習の内容や生活経験を基に，**根拠のある予想や仮説を発想し，表現すること**
第 5 学年	（**条件を制御**しながら調べる活動を通して）自然の事物・現象について追究する中で，予想や仮説を基に，**解決の方法を発想し，表現すること**
第 6 学年	（**多面的**に調べる活動を通して）自然の事物・現象について追究する中で，**より妥当な考えをつくりだし，表現すること**

 内容には何が書いてある？

　小学校理科において，どのような内容を扱うのか知りたいときには，解説理科編の第 3 章を確認するとよい。学年ごとに各単元の内容を見ることができる。例えば，図 2-4 は，第 4 学年の A 物質・エネルギー「電流の働き」の内容である。これをパートに分けて何が書かれているか解説する。

> 　電流の働きについて，電流の大きさや向きと乾電池につないだ物の様子に着目して，それらを関係付けて調べる活動を通して，次の事項を身に付けることができるよう指導する。
> ア　次のことを理解するとともに，観察，実験などに関する技能を身に付けること。
> 　(ア)　乾電池の数やつなぎ方を変えると，電流の大きさや向きが変わり，豆電球の明るさやモーターの回り方が変わること。
> イ　電流の働きについて追究する中で，既習の内容や生活経験を基に，電流の大きさや向きと乾電池につないだ物の様子との関係について，根拠のある予想や仮説を発想し，表現すること。

図 2-4　第 4 学年　A 物質・エネルギー「電流の働き」の内容
（文部科学省，2018，p.50 より抜粋）

まず，図2-5に示したように，「電流の働き」の内容の冒頭部分を見てみよう。ここには，理科の見方・考え方に関わる記述を読み取ることができる。

見方として着目する視点

電流の働きについて，**電流の大きさや向きと乾電池につないだ物の様子**に着目して，それらを**関係付けて調べる活動**を通して，次の事項を身に付けることができるよう指導する。

考え方

図2-5　「電流の働き」の内容の冒頭部分

（文部科学省，2018を参考に筆者が加筆して作成）

本内容では，「見方として着目する視点（ここでは量的・関係的な視点）」として，「電流の大きさや向きと乾電池につないだ物の様子」が示されている。これは，例えば，乾電池の数（1個/2個）やつなぎ方（直列/並列）とモーターの動作の様子を量的・関係的な視点で捉えるということである（図2-6）。

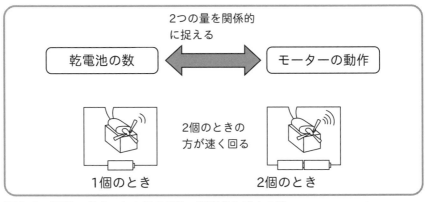

図2-6　「電流の働き」における量的・関係的な見方の例

（鳴川ら，2019を参考に筆者が作成）

また，「考え方」としては，「関係付けて調べる」と示されている。これは，例えば，豆電球の明るさの違いの要因が，つなぎ方の違いによるものではないかと関係付けて考えるということである（図2-7）。なお，本内容が第4学年であるため，ここでは「関係付けて調べる」と表記されている（表2-3や表

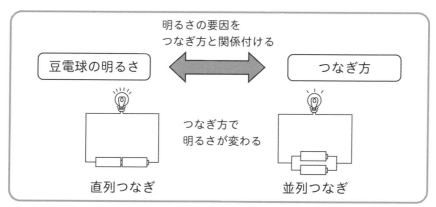

図 2-7 「電流の働き」における関係付けの例 　（鳴川ら，2019 を参考に筆者が作成）

2-5 を再度振り返ってみよう）。

　このように，内容の冒頭部分については，どの単元においても「…に着目して」の部分に「見方として着目する視点」が，「…調べる活動を通して」の部分に「考え方」を働かせた活動が示されている。

　次に，図 2-8 に示したア及びイの項目について見てみよう。ここには，該当単元で育てたい資質・能力について書かれている。

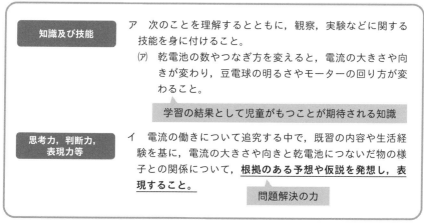

図 2-8 「電流の働き」の内容のア及びイの項目

（文部科学省，2018 を参考に筆者が加筆して作成）

アには「知識及び技能」に関わる内容が書かれている。また，その下位項目（ア）には，本単元の学習の結果として児童がもつことが期待される知識が示されている。

イは「思考力，判断力，表現力等」に関わる内容である。図2-6の下線部分は，各学年で重視する「問題解決の力」である。ここでは，第4学年の内容であるため「根拠のある仮説や予想を発想し表現すること」と示されている（表2-4の各学年で重視したい問題解決の力を振り返ってみよう）。

なお，「学びに向かう力，人間性等」は，各単元の内容には記載されていない。各学年の目標の③に示されたもの（図2-3で確認してみよう）を各内容で共通的に扱うことになっている（鳴川ら，2019）。これは，1年間を通して涵養していくこととされているためである。

6 おわりに

本節では，解説理科編の「ここだけは押さえたい！」ところに絞り，述べてきた。どこを読むとよいのか，どう示されているのかを理解することで，効率的・効果的に読むことができるようになるだろう。そして，現在，理科教育で求められていることが見えてきて，明日の理科授業づくりが変わっていくことを期待したい。

引用・参考文献
中央教育審議会（2018）：幼稚園，小学校，中学校，高等学校及び特別支援学校の学習指導要領等の改善及び必要な方策等について（答申）別添資料（2/3）Retrieved from https://www.mext.go.jp/component/b_menu/shingi/toushin/__ics Files/afieldfile/2017/01/10/1380902_3_2.pdf（最終アクセス2021年9月10日）
文部科学省（2018）：小学校学習指導要領（平成29年告示）解説理科編，東洋館出版社
鳴川哲也・山中謙司・寺本貴啓・辻健（2019）：イラスト図解ですっきりわかる理科，東洋館出版社

─ 学習の課題 ─

1. 2008年版小学校学習指導要領と2017年版小学校学習指導要領を比べて，小学校理科の目標及び内容がどのように変わったのか調べてみよう。
2. 任意の理科の内容（単元）を取り上げ，解説理科編を手がかりに内容の系統性を確認してみよう。
3. 任意の理科の内容（単元）を取り上げ，解説理科編から「見方として着目する視点」と「理科の考え方」，「問題解決の力」を抜き出してみよう。

【さらに学びたい人のための図書】

片平克弘・塚田昭一編（2017）：平成29年版　小学校 新学習指導要領ポイント総整理　理科，東洋館出版社
　⇒2017年告示の小学校学習指導要領における理科のポイントが分かりやすく示されている。また，指導事例も豊富に掲載されているため参考になるだろう。

鳴川哲也・山中謙司・寺本貴啓・辻健（2019）：イラスト図解ですっきりわかる理科，東洋館出版社
　⇒2017年告示の小学校学習指導要領の理科で大切にしたいことがイラスト入りで分かりやすく解説されている一冊。

山下芳樹・平田豊誠編（2018）：新しい教職教育講座　教科教育編4　初等理科教育，ミネルヴァ書房
　⇒小学校理科授業をどうデザインすればよいか，理論と実践を解説した一冊。本書と合わせて読むと理解が深まるだろう。

（小川博士）

CHAPTER 3 科学の方法—問題解決の過程

本章では，問題解決の過程と科学の方法との関連について解説する。また「科学的」とは一体どのようなことなのかを考察する。

1 問題解決の過程

> テレビをつけようとリモコンの電源ボタンを押してもテレビがつかなかった。
>
> 「ん？つかないなあ，テレビの方にちゃんとリモコンを向けていなかったからかなぁ。」
>
> もう一度電源ボタン押すがやはりつかない。
>
> 「あれ，つかないなぁ。何回押してもつかないからリモコンの電池が消耗しているのかなぁ？」
>
> そう言ってリモコンの電池を交換する。すると無事にリモコンの電源ボタンを押してテレビをつけることができた。

この日常の何気ない行動にも実は問題解決の過程が含まれている。この問題解決の過程とはどういったものなのか，次に解説していく。

（1）問題解決の過程

文部科学省（2011）「小学校理科の観察，実験の手引き」には，理科の学習展開と観察，実験の位置付けとして図3-1のように示されている。ここで示されている理科の学習展開の8段階は，問題解決の過程とも言われている。

> ①自然事象への働きかけ→②問題の把握・設定→③予想・仮説の設定→
> ④検証計画の立案→⑤観察・実験→⑥結果の整理→⑦考察→⑧結論の導出

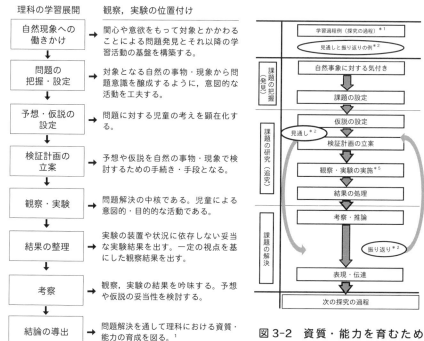

理科の学習展開　　　観察，実験の位置付け

理科の学習展開	観察，実験の位置付け
自然現象への働きかけ	関心や意欲をもって対象とかかわることによる問題発見とそれ以降の学習活動の基盤を構築する。
問題の把握・設定	対象となる自然の事物・現象から問題意識を醸成するように，意図的な活動を工夫する。
予想・仮説の設定	問題に対する児童の考えを顕在化する。
検証計画の立案	予想や仮説を自然の事物・現象で検討するための手続き・手段となる。
観察・実験	問題解決の中核である。児童による意図的・目的的な活動である。
結果の整理	実験の装置や状況に依存しない妥当な実験結果を出す。一定の視点を基にした観察結果を出す。
考察	観察，実験の結果を吟味する。予想や仮説の妥当性を検討する。
結論の導出	問題解決を通して理科における資質・能力の育成を図る。[1]

図 3-1　理科の学習展開と観察，実験の位置付け
（文部科学省 2011，p.15 をもとに筆者加筆・一部修正）

図 3-2　資質・能力を育むために重視すべき学習過程のイメージ
（文部科学省，2018，p.9 を抜粋編集）

　図 3-2 には，資質・能力を育むために重視すべき学習過程のイメージを示した。ここでも，理科の問題解決の過程とほとんど同じ過程が探究過程として示されている。

　冒頭にあったテレビのリモコンについて問題解決の過程（学習展開の段階）を考えてみよう。

1　2008 年版小学校学習指導要領下では「科学的な見方や考え方を養う」となっていたが，2017 年版小学校学習指導要領下では「理科の見方・考え方」を働かせるものとなっている。その点が異なるため，「結論の導出」部分の位置付けの解説を 2017 年版の内容に沿うように修正した。

- テレビをつけたいという思いがある→①**事象への働きかけ**
- リモコンを押したがつかない「あれ何でつかないんだろう（なんとかしてテレビをつけたいなぁ）」→②**問題の把握・設定**
- テレビのリモコン受信部にちゃんとリモコンを向けていなかったからかな→③**予想・仮説の設定**
- 「ちゃんとやってみよう」テレビのリモコン受信部に向けて電源ボタンを押す→④**観察・実験**
- 「あれ，つかないなぁ」（リモコン受信部にちゃんと向けたのにやっぱり着かないな）→⑥**結果の整理**
- 「何回押してもつかないから」（リモコンをちゃんとテレビの方へ向けなかったという仮説が間違っていたのかな）→⑦**考察**
- （テレビに向けてリモコンの電源ボタンを押したのにテレビがつかないということはリモコンの持ち方や向け方が悪いということではなく，他の要因があるのかもしれない。リモコンの電池が消耗しているのかなぁ？）→⑧**結論の導出**

【はじめの仮説が間違っていたため新たな仮説を立て直す】

- （テレビをつけたいという思いがある→①**事象への働きかけ**）（同じ）
- （テレビに向けてリモコンの電源ボタンを押したのにテレビがつかないことから他の要因が考えられる）→②**問題の把握・設定，新たな仮説の必要性**
- 「何回押してもつかないからリモコンの電池が消耗しているのかなぁ？」（新たな仮説として乾電池が消耗しているためにリモコンから赤外線が出ていないという仮説を立ててみよう）→③**予想・仮説の設定**
- （仮説を検証するために）「乾電池を新しいものに交換する必要があるな」→④**検証計画の立案**

第Ⅰ部
理科これだけは－小学校で理科を教えるにあたって

- （仮説を検証する実験として）「乾電池を新しくしたリモコンでテレビを つけてみよう」→**⑤観察・実験**
- 「無事についた。なるほど乾電池が消耗していた（という仮説が正し かった）んだな。」→**⑥結果の整理**
- 「電池を替えて無事についてよかった」（今回リモコンでテレビをつける ことができなかったのは乾電池が消耗しているからだという仮説が正し かった）→**⑦考察**
- すなわち今回のリモコンを用いてテレビをつけられなかった事象は乾電 池の消耗によって引き起こされていたと考えることができる。そのため 乾電池を新品に交換することで無事にテレビをつけることができた→**⑧ 結論の導出**

　このように我々は普段意識する意識しないに関わらず，問題解決の過程を踏 まえて行動しているといえる。そして，ここで示した問題解決の過程を踏まえ た上で，国際学力調査（PISA）の問題にチャレンジしてほしい。

（2）科学者による探究過程

　PISA2000で実施された科学的リテラシーの問題（国立教育政策研究所, 2010）「ゼンメルワイス医師の日記に関する問題」（下線部と問と課題文の並び 順は筆者改）を以下に示す。

　「1846年7月。来週から，ウィーン総合病院の産婦人科第1病棟の［先生］にな る。この病棟で死亡する産婦の比率を聞いてびっくりした。今月など，産婦人科208 人のうち少なくとも36人が産褥熱で亡くなっている。お産をすることは，第1級の 肺炎と同じくらい危険だ」
　上にあげたのは，イグナス・ゼンメルワイス（1818～65）の日記で，産褥熱の怖 さをよく伝えています。この伝染病のために，多くの女性が出産直後に死亡しまし た。彼は，産褥熱による死亡者数のデータを，第1病棟と第2病棟のそれぞれについ て集めました（図）
　ゼンメルワイス医師を含めて，医師たちは，産褥熱がなぜ起こるのかまったく分 かっていませんでした。日記にもこうあります。

「1846年12月。出産は何も問題なかったのに，後になってなぜこれほど多くの女性がこの熱病で死ぬのだろう。今まで何世紀もの科学によると，産後の女性を殺しているのは，目に見えないある流行病だと言われてきた。その原因は，空気の変化か，何か地球外からの影響か，地球そのものの動き，つまり地震かもしれないというのだが…。」

　現代では，地球外からの影響とか，地震が熱病の原因かも知れないと考える人はほとんどありません。それは私たちが，熱病は衛生状態と関係があるのだということを知っているからです。しかしゼンメルワイス医師の時代には，多くの人々がそう思っていました。科学者たちでさえ，そうだったのです！　しかしゼンメルワイスは，地球外からの影響や地震などは，熱病の原因になりえないと考えていました。①彼は，集めたデータ（図）を同僚たちに見せ，これを使って彼らを説得しようとしました。

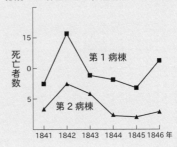

分娩100件当たりの，産褥熱による死者数

　この病院では，死体を解剖して死因を探ることもします。ふつう第1病棟の研修医は，前日に死亡した産婦の解剖に加わった後，体をよく洗わずに，産後の母親を診察していました。解剖室のにおいをつけたままで，自分がどんなによく働いたか見せびらかす研修医さえいました。

　ゼンメルワイス医師の友人が解剖のさなかに誤って指を切り，やがて亡くなりました。解剖してみた結果は，産褥熱とそっくりでした。②これを知ったゼンメルワイス医師に，新しい考えがひらめきました。

【問1】（下線部①に関して）
　ゼンメルワイス医師になったつもりで，彼の集めたデータに基づいて，産褥熱の原因が地震ではない理由を説明してください。
【問2】（下線部②に関して）
　ゼンメルワイス医師の新しい考え方は，二つの産婦人科病棟で死んでいく産婦の比率と，研修医たちの行動に関係がありました。この考え方とはどんなものですか，次の中から適切なものを一つ選んで下さい。
　A　解剖の後，研修医に体をきれいに洗わせれば，産褥熱は減るはずだ。
　B　研修医は，けがをする可能性があるので解剖には立ち会わせないほうが良い。
　C　研修医がくさいのは，解剖後に体をよく洗わないからだ。
　D　研修医は，自分がいかに勤勉かを見せびらかすのに一生懸命で，産婦の診察のとき，注意がおろそかになる。
【問3】
　ゼンメルワイス医師は，産褥熱による死亡者数を減らすことに成功しましたが，産

第Ⅰ部
理科これだけは－小学校で理科を教えるにあたって

褥熱は現在でも難病の１つです。
　現代でも，いろいろな治りにくい熱病が，相変わらず病院内で問題になっています。予防のためにはいろいろな日常的手段が講じられ，その一つがシーツを熱湯で洗濯することです。シーツを熱湯で洗うとなぜ熱病の予防になるのか，説明してください。
【問4】（省略）

※なお，模範解答や採点基準はここでは記さない。引用文献や関連する文献等で確認してほしい。

　彼のエピソードはまさに科学者による一連の探究過程であり，理科の学習展開として示した図3-1の問題解決の過程や図3-2の探究の過程と同じ段階を踏んでいるといえる。以下では問2の「死んでいく産婦の比率と研修医たちの行動に関係があるのでは」という仮説を立てた例について解説していく（図3-3）。『　』がゼンメルワイスの考えに相当する部分である。

・・

①自然事象への働きかけ『産褥熱は大変な病気だ』
　ゼンメルワイス（図3-3）はウィーン総合病院の産婦人科第1病棟の医師となった。この病棟での産婦が産褥熱により高い割合で死亡している現状を目の当たりにした。『なんとか無事に出産ができるようにならないだろうか』
②問題の把握・設定『産褥熱を減らしたい』
　『産褥熱で死亡する妊産婦を減らしたい』なぜ第1病棟ではこんなにも死亡率が高いのだろうか。彼はその原因を突き止めるために（実態を把握するために），様々なデータ収集を行った（この間には問1にあるような仮説と検証，仮説の否定，新たな仮説→検証の繰り返しが様々な要因についてなされた）。
　問題を把握し，問題意識をもって現状をよく観察していると，ゼンメルワイスの友人の医師が解剖のさなかに誤って指を切り，産褥熱とそっくりの症状で亡くなったことがあった。そこでゼンメルワイスは考えた。そういえば第1病棟の研修医は，死亡した産婦の解剖に加わった後，体をよく洗わずに産婦を診察していた，と。
②予想・仮説の設定『うつる病気ではないか』

ゼンメルワイスは新たな仮説を設定した。その仮説とは，産褥熱は「うつる病気」であり，何らかの「病気のもとになるもの」があるのではないかということだ。死亡した産婦から指を切った医師に病気が「うつった」のは，「病気のもと」が友人の医師の体に入り込んだからなのだ。その結果，『病気のもとを産婦へうつさないようにすることで産褥熱を減らすことができるだろう』という仮説を立てた。

③検証計画の立案『消毒すればよいのでは』

仮説を検証するために，『病気のもとになる物質をうつさないために，死体解剖後に医師の体を消毒する』という実験を実施することにした。

⑤観察・実験『消毒して診察しましょう』

医師は解剖後，診察する前には『手指消毒を確実に行うこと』にした。

⑥結果の整理『消毒により産褥熱の発生が減りました』

問題解決の過程との関連性

①自然事象への働きかけ
　　『産褥熱は大変な病気だ』
↓
②問題の把握・設定
　　『産褥熱を減らしたい』
↓
③予想・仮説の設定
　　『うつる病気ではないか』
↓
④検証計画の立案
　　『消毒すればよいのでは』
↓
⑤観察・実験
　　『消毒してから診察しましょう』
↓
⑥結果の整理
　　『消毒により産褥熱の発生が減りました』
↓
⑦考察
　　『産褥熱の発生は消毒によって減らすことができる』
↓
⑧結論の導出
　　『うつる病気であれば消毒によって防ぐことができる』

図3-3 問題解決の過程の各段階とゼンメルワイスの思いやつぶやきとの関連

その結果，第1病棟の死亡率は第2病棟とほとんど変わらないくらいまで低くすることができた。『消毒によって，病気のもとになる物質がうつらなくなることが分かった』

⑦考察『産褥熱の発生は消毒によって減らすことができる』

第Ⅰ部
理科これだけは－小学校で理科を教えるにあたって

産褥熱は「うつる病気」であり何らかの移る原因のものがあるという仮説のもと，解剖後の医師を消毒するという実験を行うことによって，産褥熱で死亡する産婦を減らすことができることを実証した。『病気のもとを産婦へうつさないようにすることで産褥熱を減らすことができる』ということが分かった。⑧結論の導出『うつる病気であれば消毒によって防ぐことができる』

「うつる病気」の場合，「病気のもと」を移さないようにするとよいことが分かった。しかし，産褥熱の発生はまだまだ起こっている。『さらに減らすにはどうしていけばよいか』という新たな課題が生じた。

・・・

さて，この続きを見ていこう。

今回の実験は死体解剖後の医師の消毒だけだったが，生体治療後の医師の診察によっても発生したことから，ゼンメルワイス（図3-4）は推論を重ね，仮説を進展させ，人や道具といったものの消毒を徹底することで，産褥熱の発生を抑えることに成功した。これらのことから，産褥熱の原因は「うつる物質（病原菌）」が原因であり，発症を消毒によって防ぐことができるという，近年の公衆衛生につながる理論として一般化していくことにつながった。まさに，科学者の探究の過程（問題解決の過程）：①自然事象への働きかけ→②問題の把握・設定→③予想・仮説の設定→④検証計画の立案→⑤観察・実験→⑥結果の整理→⑦考察→⑧結論の導出，を踏まえているといえる。

ここで図3-4を見てほしい。これは課題解決の過程を示している。その中に「仮説が不成立」という矢印がある。ゼンメルワイスも産褥熱の発生を何とかして減らしたいという課題を解決するために，実は多くの仮説を立てて検証している。そして仮説の不成立ということから新たな仮説を設定し

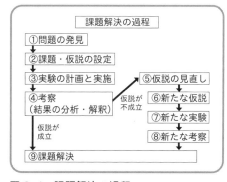

図3-4　課題解決の過程

直している。例えば，病院内の食事の内容や混雑状況ではその都度，条件制御を行い，食事の内容を同じにするなどして検証した。その結果，食事内容が原因ではなかった。それならば，混雑具合では…というように，新たな仮説を設定し直した。今回紹介したPISA問題のエピソードは，仮説検証がうまくいった部分についてである。科学者が行う科学の方法に則った研究はすぐには成果が出ないものであり，研究者は常に試行錯誤を繰り返し，多くの失敗を経た上で，新たな知見を得ているということに留意してほしい。次は科学者の行う科学の方法や科学的とは，ということについて考えていこう。

② 科学の方法

「科学的」とは，いったいどのようなことだろうか。科学者はどのような研究方法を用いているのだろう。

（1）科学的とは

自然科学系の研究者にとって，科学的とは客観性と再現性という言葉で語られるものである。皆さんは「科学的とは」と問われて，実際にどのような内容を想像しただろうか。

「科学的とは」に対する説明は，中学校の解説理科編や高等学校の解説理科編においては特段に取り上げられていない。これはおそらく，中学校や高等学校の理科の教員は自然科学の専門家と捉えられているからであろうと想像できる。しかしながら，この章を読み進めている皆さんはおそらく人文科学系か社会科学系であろう。また小学校の教員の中でも同様の傾向があることが報告されている。そのためか，小学校の解説理科編には「科学的」についての解説が丁寧になされている。その内容は次のとおりである（文部科学省，2018，p.15，下線筆者加筆）。

> 科学が，それ以外の文化と区別される基本的な条件としては，<u>実証性，再現性，客観性</u>などが考えられる。

実証性，再現性，客観性については，以下のように示されている。

> 実証性とは，考えられた仮説が観察，実験などによって検討することができるという条件である。
> 再現性とは，仮説を観察，実験などを通して実証するとき，人や時間や場所を変えて複数回行っても同一の実験条件下では，同一の結果が得られるという条件である。
> 客観性とは，実証性や再現性という条件を満足することにより，多くの人々によって承認され，公認されるという条件である。

　この記述から，「科学的」とは，実証性，再現性，客観性という条件を満たすことのできる手続きや結果を重視するという面から捉えることができる。これらの手続きを経ていないものは，「科学的」とはいえない代物である。

（2）科学の方法

　解説理科編から，「○「見通しをもって観察，実験を行うことなどを通して」について」（p.14-15）という記述を紹介しておこう。

> 　「見通しをもつ」とは，児童が自然に親しむことによって見いだした問題に対して，予想や仮説をもち，それらを基にして観察，実験などの解決の方法を発想することである。

　すなわち，児童自身が何のためにこの観察，実験を行っているのかの意義を理解して観察や実験を行っていることである。自分で立てた課題と仮説を検証するために必然としての観察，実験を行わなければならない（第4章の「1 問題を見いだし，仮説を計画する活動～検証のための実験と確証のための実験～」を参照するとよい）。もちろん仮説検証のための実験であるから，仮説に基づく結果をあらかじめ予想している。その結果の吟味を行った後については，以下のように示されている（下線筆者加筆）。

また，児童が見通しをもつことにより，予想や仮説と観察，実験の結果の一致，不一致が明確になる。両者が一致した場合には，児童は予想や仮説を確認したことになる。一方，両者が一致しない場合には，児童は予想や仮説，又はそれらを基にして発想した解決の方法を振り返り，それらを見直し，再検討を加えることになる。いずれの場合でも，予想や仮説又は解決の方法の妥当性を検討したという意味において意義があり，価値があるものである。このような過程を通して，児童は，自らの考えを大切にしながらも，他者の考えや意見を受け入れ，様々な視点から自らの考えを柔軟に見直し，その妥当性を検討する態度を身に付けることになると考えられる。

　ここで示されている下線部のように，科学者は常にトライ＆エラーを繰り返している。（仮説に対して）繰り返し繰り返し実験し，（仮説通りとならない）失敗を幾度となく経験し，徐々に（仮説通りの）成功に近付いていく。まさに図3-4にある「仮説が不成立」からの矢印フローチャートを何度も繰り返している状態である。例えば，ノーベル賞を受賞した青色発光ダイオードを開発するためには窒化ガリウムのよりよい結晶を得る必要があった。そのためにどのような条件で作成すればよいのか，日々トライ＆エラーを繰り返していたことは有名である。何通りもある条件を試した暁に，ある条件下で結晶を得られたとしても，そこから再現性を確認するためには同じ手法で何度も実験を繰り返し，今回の条件や方法で十分に再現できることを実証する必要がある。また，開発者だけではなく，誰しもが（第三者が）同じ条件と方法で作成することが可能であるという客観性を実証しなければならない。これらの手続きを経て，「この条件，方法の下で窒化ガリウムの結晶が得られた」ということが科学的に承認されることになる。

③　問題を意識することが重要

　問題解決は，問題を解決したいと思うところから始まる。問題解決をしたいと思わなければ，その課題や解決の糸口は見えてこない。冒頭ではテレビをつけようと思わなければリモコンの電池が消耗していることが分からない。自然の中で単に遊んでいるだけでは，疑問が生じてこない。「なぜだろう？」「不思議だな」「どうなっているんだろう？」というように，好奇心や探究心をもつ

ことが大事である。次の図 3-5 に，問題意識をもった瞬間や解決したいと思った瞬間の児童のつぶやきや反応の例を示す。大いに参考にしてほしい。

理科の学習展開	児童のつぶやき，反応	問題解決の力との関連	「考え方」との関連
自然現象への働きかけ	すごい！きれい！わぁ！ あれ？なぜだろう？ えっそうじゃなかったの？ やってみたい！	（自然に親しむ）	
問題の把握・設定	何でこうなっているのだろう？ 何が原因なのかな？ どうやっているのかな？ もっと〇〇したい！	主に差異点や共通点を基に，問題を見いだす	3 年 比較
予想・仮説の設定	〇〇ではないだろうか 何が〇〇したのだろうか 〇〇すれば□□になるだろう 何と何が働き合ったのだろうか	主に既習の内容や生活経験を基に，根拠のある予想や仮説を発想する	4 年 関係付け
検証計画の立案	変えない条件と変える条件は何か 〇と□を比べてみてはどうか 〇の方法で調べてみてはどうか 〇の方法では△の結果になるだろう	主に予想や仮説を基に，解決の方法を発想する	5 年 条件制御
観察・実験	やってみたい！ 調べたい！ 予想通りか確かめたい！		
結果の整理	予想通りだった・予想と違った 結果欄・表にまとめよう 結果をまとめて報告しよう		
考察	仮説は〇〇で予想は□で結果も□だったので仮説通り要因は〇〇だった 〇〇のとき□□だったので要因は△△といえる		
結論の導出	〇〇では□□が要因と仮説をたて△△の実験で調べた結果，◎◎ということが分かった（なるほどそうだったのか） 〇〇の場合はどうだろう（次は〇〇について調べてみたい）	主により妥当な考えをつくりだす	6 年 多面的に考える

図 3-5　理科における問題解決の過程と，児童のつぶやき，反応と問題解決の力との関連

引用・参考文献

出野務（2011）：自然科学の構造からみた理科指導のあり方，北川治編著，新理科教育，佛教大学通信教育部，pp.51-75

文部科学省（2011）：小学校理科の観察，実験の手引き詳細（2021/09/15 確認，https://www.mext.go.jp/a_menu/shotou/new-cs/senseiouen/1304651.htm）

文部科学省（2018）：小学校学習指導要領（平成 29 年告示）解説理科編，東洋館出版社

経済協力開発機構（OECD）編集，国立教育政策研究所監訳（2010）：PISA の問題できるかな？ OECD 生徒の学習到達度調査，明石書店，pp.218-221

平田豊誠（2017）：科学的思考力，石川聡子編著，新時代の学びを創る 5 理科指導の理論と実践，あいり出版，pp.47-62

学習の課題

1. 自身の生活の中で問題解決をしていると思った内容を取り上げ，問題解決の過程にそって分析してみよう。

2. 『PISA の問題できるかな？ OECD 生徒の学習到達度調査』（国立教育政策研究所）を入手し（国立教育政策研究所 HP（https://www.nier.go.jp/kokusai/pisa/index.html）からでもいくつかの問題例を参照可能），科学的リテラシーに関する問題を実際に解いてみよう。

【さらに学びたい人のための図書】

大阪大学ショセキカプロジェクト（2019）：ドーナツを穴だけ残して食べる方法，日本経済新聞出版（日経ビジネス人文庫）
⇒こんなバカバカしいお題でも学問ができる！課題を設定し仮説を立てて検証する，問題解決の練習になる。数学や哲学，法学に工学 etc. と色々な学問分野でのチャレンジが繰り広げられている。

山下芳樹・平田豊誠編（2018）：新しい教職教育講座 教科教育編 4 初等理科教育，ミネルヴァ書房
⇒小学校理科授業を組み立てるのに役立つ 1 冊。本書の理論を踏まえて読むと指導方法の内容の深まりや広がりが生まれる。

図書ではないが，NHK for School で提供されている「考えるカラス」も科学の方法を楽しく学ぶにはよい。10 分間の中に，科学の考え方が凝縮されている。全 20 編あり。

（平田豊誠）

CHAPTER 4　問題解決と学ぶ必然性

1　問題を見いだし，仮説を計画する活動
～検証のための実験と確証のための実験～

　前章では，理科授業の基本的な構造は問題解決の過程を通して学びを進める点にあることを示した。実際の授業ではそれがどのように進められるのだろうか。第5学年の学習内容である「振り子の運動」を例に，2つの授業の流れを考えてみよう。

授業 A

　授業の冒頭，教師が何やら大きく膨らんだゴミ袋を抱えて教室に入ってくる。ゴミ袋からは大きなカニのおもちゃ。手が振り子につながっていて，左右に揺れるつくりになっているが，児童からは中の振り子が見えない（図4-1）。

　「この手の先におもりがつるしてあるんだよ。揺らしてみるね」と言って，カニの手を振ってみると，左右の手で振れ方がずれてしまう。「ごめん，ごめん。ちょっと揺らし方を失敗しちゃった。もう一回，今度は同時に揺らすね」と言い，もう一度揺らすが，やはり左右の手の揺れ方はだんだんずれてしま

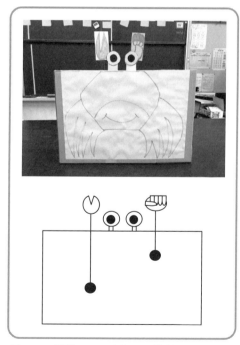

図 4-1　授業に用いた振り子教材

う。「あれ？うまくいかないなぁ」と教師が困っていると，数人の児童が「先生，違うよ」と言って，手を挙げた。「わかったぞ」とつぶやいている児童もいる。

「何が違うの？」と，手を挙げている児童を指名すると，「中に入っているおもりの重さが違うんだよ。だから揺れ方が違うんだ！」と，自信満々で答えた。教師が「そうかぁ。なるほど，おもりの重さが違っていたのか！」と言うと，別の児童が「いやいや，違います。先生がおもりを振るときの傾け方が，右と左で違っていました。先生は，グーの手を大きく傾けて，チョキの手はあまり傾けていませんでした」と発言する。また，別の児童は「振り子の長さが違うんじゃない？」と言う。段々と手を挙げる児童が増えてきて，隣の子と相談している児童もいる。他にも，おもりの形や，お

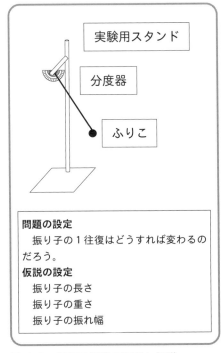

実験用スタンド

分度器

ふりこ

問題の設定
　振り子の1往復はどうすれば変わるのだろう。
仮説の設定
　振り子の長さ
　振り子の重さ
　振り子の振れ幅

図4-2　振り子授業の問題と仮説

もりの材質の違いを理由と考える意見も発表された。そこで，今日の授業では『振り子の1往復はどうすれば変わるのだろうか』という問題を扱うこととし，児童の仮説を黒板に整理した（図4-2）。

教師が「なるほど！よくわかったよ」「でも…，一体どの意見が正しいの？」と発問すると，児童から「確かめたい！」「いじわるしないで，早く実験させて！」という声が上がった。

授業 B

　授業の冒頭，教師から『振り子の１往復はどうすれば変わるのだろうか』という本日の授業のめあてを伝える。次に，全員で教科書を音読する。「教科書にはどのような仮説が挙げられているか」と教師が尋ね，手を上げた児童が「振り子の長さ」「振り子の重さ」「振り子の振れ幅」の３つの仮説を答える。黒板に３つの仮説を整理して示し，これらを順番に試すことを確認する。さらに教科書を音読して実験の方法を確認する。「この実験では，どのようなことが大切ですか」と尋ね，教科書をもとに児童が注意点を発表した。その上で，今日はまず振り子の重さによる１往復の時間の変化を調べる実験することを伝え，実験に取り掛かった。

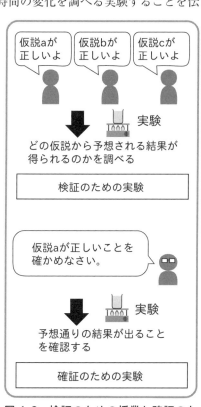

図 4-3　検証のための授業と確証のための授業

　上記の授業 A・B，どちらも一見すると問題解決の流れに沿った授業を行っており，同様の問題や仮説を扱っているように思われる。しかし，これらの授業では問題解決を行う主体が異なっている。授業 A においては，児童が問題を見いだし，仮説を形成している。実験は，どの仮説が正しく，どの仮説が誤りであるかを調べるために行われている。このような実験は「検証のための実験」（北川，2011）と呼ばれる（図 4-3 の上図）。

　それに対して，授業 B では教師が教科書をもとに問題や仮説を一方的に児童に与えており，問題解決を形だけなぞる展開となっている。児童はこの

授業において教師から情報を受け取る活動しか行っておらず，授業時間が他人の問題解決をお客様として見るだけの時間となってしまっている。授業Bで行っている実験はあくまで，正しいと分かっている法則の確認のための作業であり，仮に実験動画や資料等で置き換えても問題がない。北川（2011）はこのような実験を「確証のための実験」と呼び，検証のための実験と区別している（図4-3の下図）。

　授業Bほど極端でなくとも，授業の冒頭に何の脈絡もなく「めあて」と称した問題が示され，児童がなぜその問題を調べるのかを理解していないまま授業が進んでいくことは多い。授業のめあてを確認することは，児童自身が自らの学びを客観視するためにも大変有効な方法であるが，児童が納得しない形で一方的にめあてを提示しないように気を付けたい。具体物を示したり，児童に実際に実験器具を触らせたりする中で問題が見いだされていくように，問題との「出会い」に注意を払う必要がある。

　教師が「問題を考えましょう」「仮説を考えましょう」と問いかけたとしても，児童は必ずしも主体的に思考するわけではない。それぞれの児童についてよく理解し，その児童が問題解決に取り組みたくなるようにするにはどのような工夫をするのかを考えることこそ，教師の力の見せ所であるといえるだろう。

図 4-4　実物と問題の見いだし

　第3学年の目標には「主に差異点や共通点を基に，問題を見いだす力を養う」ことが挙げられている。特に3年生では実物をしっかりと見て，触って，実体験を通して問題を見いだす場面を大切にしてほしい。ただし，問題を見いだす活動は3年生だけではなく，どの学年の授業でも行う活動である。それぞれの学年の目標はその学年のみで扱うものではなく，小学校の理科教育全体を通して培うものであることにも留意されたい。

2 観察，実験を計画する活動
～見通しをもった実験とクッキングブックスタイルの実験～

　実験を行う際には，どのように発問をし，どのような指示をすればよいのだろうか。避なければならないのは，教師が毎回「まずこれをしなさい。次にこれをしなさい」と指示だけをして，授業を進めてしまうことである。児童が自ら思考せず，教師から示された実験手順をなぞることで行われる観察，実験は，しばしば料理の手順書「クッキングブック」をそのままなぞって行う料理に例えられる。児童が実験の手順を理解していることが「見通しをもつ」ことだと誤解されがちだが，クッキングブックスタイルの授業は，得てして教師主導型の，児童が何も考える必要のない教え込みの授業になってしまう。

　それに対し，「児童が自然に親しむことによって見いだした問題に対して，予想や仮説をもち，それらを基にして観察，実験などの解決の方法を発想する」実験は「見通しをもった」実験と呼ばれる（文部科学省，2018）。児童自身が見通しをもって実験を行うことには以下の3つの利点が考えられる。

> **児童自身が見通しをもって実験を行うことの利点**
> ①児童が自分で予想や仮説を立て，その予想や仮説を確かめるための観察，実験の方法を自ら考えることで，児童にとってその問題解決が自らの主体的な活動となること。
> ②自分の予想や仮説が正しければこのような結果になるだろうという見通しをもって観察や実験の方法を考えることで，実際の実験結果が得られたときに，その意味を理解することができること。
> ③観察や実験を計画する能力の育成が期待できること。

　2017年版小学校学習指導要領では，第5学年の目標に「解決の方法を発想する力」を身に付けることが，新たに挙げられている。そのため，上記の③にあたる，実験を計画する能力の育成は特に注目されるべき点であり，児童が検証のための実験を計画する授業展開が今日の授業において求められる理由である。では，児童が実験を計画する授業の実例を見てみよう。

授業 C

　小学校第6学年の「水溶液の性質」の授業では，炭酸水の性質を調べる実験を行う。前時までに「炭酸水には何が溶けているのか」という疑問が出ていたので，授業の冒頭で教師から改めてこのことを問いかけた。すると，複数の児童が手を挙げた。特に自信満々な児童を指名すると，「炭酸水には二酸化炭素が溶けています」と回答した。「なぜそのように思ったのか」を

図4-5　炭酸水のラベル
原材料に二酸化炭素表記のあるものは珍しい

重ねて問いかけると，「だって，炭酸水のペットボトルの原材料名に二酸化炭素と書いてあるから」という回答が返ってきた。「本当かな」と，とぼけてペットボトルを児童に確認させると，実際にそのように書いてある（図4-5）。この時点で，児童は「今日の授業は簡単だな」と油断した顔をしている。教師にとっては「しめしめ」という展開だ。

　そこで，「炭酸水に二酸化炭素が溶けていることを確認するためにはどんな実験をすればいいかな？」と問いかけ，実験の計画を班ごとに立てさせた。この質問が，実は簡単そうに見えて曲者なのだ。児童は石灰水や気体検知管の使い方を既に学習している。そのため，「二酸化炭素の有無を確かめる＝石灰水を使用する」と単純に考えていることが多い。しかし，この実験では炭酸水という「液体」に溶け込んだ「気体」を調べる必要があり，石灰水の使い方に工夫が求められるのである。

　案の定，児童の意見はバラバラで，たくさんの意見が見られた（図4-6）。児童の考えた実験の計画は，主に3パターンに分かれる。

　1つめのパターンは，石灰水と炭酸水を混ぜるというものだ。この場合も，さらに詳しく方法を聞いてみると，石灰水に炭酸水を入れることを考えている

第Ⅰ部
理科これだけは－小学校で理科を教えるにあたって

児童と，炭酸水に石灰水を入れることを考えている児童がいる。

実は，この2つの方法は同じように見えて，結果が違う。石灰水に炭酸水を入れると，液体が白く濁って，二酸化炭素があることがよく分かる。しかし，炭酸水に石灰水を入れると，液体中に白っぽいモヤが現れてもすぐに消えて，

パターン1　石灰水と炭酸水を混ぜる
・石灰水を炭酸水に入れる
・炭酸水を石灰水に入れる
パターン2　溶けている気体を取り出す
・袋に炭酸水を入れて振る
・熱した炭酸水の上の袋で気体を集める
パターン3　炭酸水を作る
・水に二酸化炭素を溶かして炭酸水になったかどうかを確かめる

図4-6　児童の考えた実験のパターン

透明に戻ってしまう。これは，石灰水中の水酸化カルシウムと二酸化炭素が反応して，水に溶けない炭酸カルシウムができることで一度は白く濁るのだが，炭酸カルシウムと二酸化炭素が再び反応することで炭酸水素カルシウムになり，にごりが消えてしまっているのである。炭酸水素カルシウムは水に溶けるため，見た目には透明になってしまうのだ。つまり，方法としては石灰水に炭酸水を入れる方法の方が，確実に二酸化炭素の有無を確認できることになる（図4-7）。児童はこのような理屈を理解しているわけではないが，「より正確に調べたい！」という気持ちが強ければ，正確に調べるためにできるだけ色々な方法を試そう，という児童が必ず出てくる。そのような児童の姿を他の児童に紹介してしっかり褒めてやりたい。

2つめのパターンは，炭酸水に溶けている気体を取り出して石灰水と反応させるというものだ。児童は既に気体状態の二酸化炭素と石灰水を反応させる実験を行っているので，これが1番自然な実験方法となる。しかし，「どうやって炭酸水から気

石灰水に炭酸水を　　炭酸水に石灰水を
入れた様子　　　　　入れた様子

図4-7　石灰水と炭酸水の反応

体を取り出すのか」という方法は，班によってバラバラである。炭酸水の入ったビーカーごと袋に入れて振る。ビーカーを熱して，上でビニール袋をかまえておく，などの意見が出た。中には，「炭酸水を飲んでゲップします」という児童も現れて，クラスが笑いに包まれた。

　３つめのパターンは，水に二酸化炭素を溶かして，炭酸水を作れるかどうか試す，というものだ。この方法は教師も想定していなかったため，「先生，二酸化炭素のボンベを使っていいですか？」という質問が出た際には，教師も一瞬戸惑ったが，確かに，この方法でも仮説を確かめることができる。炭酸水になったかどうかを調べる方法としては，「石灰水と反応させて，本物の炭酸水と反応の違いを比べる」という意見や，見た目，味，体積の変化を調べるといった意見が出た。

　また，上記３パターン以外にも「蒸発させた後に固体が残るかどうかを調べる」「気体検知管を使う」「炭酸水の近くで火を燃やしてみる」などの意見も出た。

　各班の意見を交流した後，「時間内であれば何種類の方法でも，何回でも実験をしてよいこと」「口に入れるなどの危険な方法は許可しないこと」「理科室にあるものしか使えないこと」を伝えて実験を開始した。

　班によって，実験の進め方はバラバラである。石灰水と炭酸水を反応させる場合であっても，石灰水に炭酸水を入れた後，炭酸水に石灰水を入れて比較している班もあれば，片方だけを試して，すぐに次の方法を試し始める班もある。炭酸水の上で火が燃え続けることに落胆している班もあれば，身を寄せ合って，水に二酸化炭素を溶かしたビーカーを虫眼鏡で覗いている班もある。約束していた実験時間が終わり，各班より実験結果の報告を受けると，やはり炭酸水には二酸化炭素が溶けていることを裏付ける証拠が集まった。

　ただし，納得がいかない顔をしている班がある。炭酸水から気体を取り出そうとした班だ。色々な方法を試したが，どうしても上手に気体が集められなかったという。そこで，教科書に載っているガラス管付きのゴム栓を見せた（図4-8）。すると「そんないいものがあったんだ！」「先生ずるい！」という

第Ⅰ部
理科これだけは－小学校で理科を教えるにあたって

大合唱が起こった。初めからこの実験器具を見せたら絶対に起こらない反応である。その後，実際にこれを使って，水上置換によって炭酸水中の二酸化炭素を集めてみせると児童は大喜びであった。

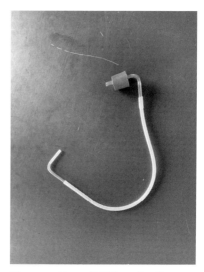

図4-8　ガラス管付きのゴム栓

本授業の学習事項となる知識は「炭酸水には二酸化炭素が溶けている」ことであるが，この実験は往々にして「確証のための実験」に陥りがちである。炭酸水に二酸化炭素が溶けていることを，日常経験等から既に知っている児童が多い場合，それを確かめるだけの実験になってしまい，児童に驚きや知的好奇心の喚起が起こりにくい。そこで，ここで紹介したように児童自身が実験を計画し「検証のための実験」を行うことで，二酸化炭素の有無を調べるという目的のもとに見通しをもった問題解決活動を行うことができるのである。

教科書に記載されている水上置換法という気体の採取方法も，手順のみを教えたならば，「なぜその方法はこの実験に適しているのか」という一番大切な知識が身に付かず，児童は教わった実験手順を丸暗記するだけになってしまう。水上置換法のよいところは，「他の気体がまざりにくく，意図した気体を純度の高い状態で捕集できること」である。このことは，「他の気体をまぜないように二酸化炭素を集めたい」と思って活動するからこそ分かることであり，その体験の場を学習活動の中で保障してやりたい。

授業においては，しばしば塾などで先行学習を積んでいる児童が仮説や予想をすらすらと答えてしまい，ほかの児童の考える余地がなくなってしまうことがある。しかし，そのような児童も実際の実験器具を使った実験は行ったことがなく，表面的な知識しかもっていない場合が多い。初めは「分かっている

よ」と言っていても，実物を見て「おお！」と驚きの声を上げている姿からは，児童の理解の実態がよく分かるものだ。「知っているよ」「分かるよ」と言う児童であっても，「じゃあ，どうやったら実験できるかな」と問いかけて一緒にその問題解決の方法を模索していくと，具体物を使った活動の中に主体的な学習が生まれる。「予想や仮説を基に，解決の方法を発想する力を養う」ためにも，このように児童自身が見通しをもって観察，実験の計画を立てる活動が求められているのである。

③ ずれによって児童の主体性を高める工夫

　ここまで見てきたように，教師から「予想を考えましょう」「問題を考えましょう」と指示をしても児童自身が考えようとしなければ，主体的な問題解決にはなり得ない。では，児童自身が学びに向かう主体的な姿となるために，授業においてどのような工夫ができるのだろうか。

　児童が「学びたい」と動機付けられるための方法の中でも，複数の研究で「ずれ」が児童の知的好奇心を高めることが示されている（鹿毛，1994）。ずれとは，児童の既有の信念と目前の情報との「くいちがい」，もしくは児童同士の「信念の違い」のことである（稲垣・波多野，1968）。

　例えば，「虫の足の数は全て6本だ」と考えている児童にクモを見せると「あれ？」と，ずれを感じるであろう。ここではこのような事象の提示によって起きるずれ（くいちがい）を「事象とのずれ」と呼ぶ。また「足の数が多いムカデみたいな虫もいるよ」という，友達の意見を聞くと「自分の意見は間違っているのかな？」と，ずれを感じるであろう。このような児童同士の意見の交流によって起きるずれ（信念の違い）は，「仲間とのずれ」と呼ぶことにする。ずれを感じた児童は，「他の虫はどうかな？」「他の人はどう考えるかな？」と自分の考えを確かめようとし，それが「昆虫」の概念の学習に結び付いていくことであろう。

　ここで押さえておきたいポイントは，人間は自分の意見が正しいと確信している時には，それ以上考えようとしないが，「自分の意見が間違っているかも

しれない」と，信念が揺らいだときにこそ，どちらが正しいのかを考えるということだ。いわゆる「盛り上がった」授業では必ず何らかのずれが生まれ，児童が「考えたい！」という気持ちになっているものである。上記の授業Aや授業

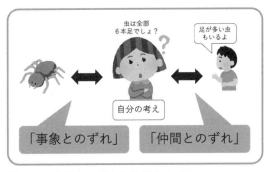

図4-9　事象とのずれと仲間とのずれ

Cもずれを織り込んで授業が展開されている。

　重さについて学習した3年生の児童に体重計を見せる。教師が体重計にのって，しゃがんだら重さはどうなるであろう。児童の中には，「重くなる」と考える児童も「変わらない」と答える児童もいる。しかし，児童一人ひとりは他の児童がどう考えているのかを知らず，自分の意見が正しいと思っている。「友達と相談してごらん」と指示すると，そこで初めて「あれ？違う意見の人もいるのか」という「仲間とのずれ」に気付き，「もしかしたら重さは変わらないのかな」と，自分の知識が十分でないことが分かるのである。

　実際に実験をしてみると，立ってもしゃがんでも体重は変わらない。この結果は，「変わる」派の児童にとっては予想外の結果であり，「事象とのずれ」が生じている。そこで，「なぜ，変わらないのかな」という問いが生まれることとなる。この問いが，「物は形が変わっても，量を増やしたり減らしたりしなければ重さが変わらない」という本質的な理解につながる，重要なきっかけとなる。授業の中ではずれを意識し，児童の「考えたい」という主体性をもとに，問題解決の場面を設定してほしい。

附記　本研究はJSPS科研費　JP21H04067の助成を受けたものである。

引用・参考文献

北川治（2011）：理科指導の基本的な考え方とは何か—理科授業の設計と実践の原則—，北川治編，新理科教育，佛教大学通信教育部，pp.103-127

文部科学省（2018）：小学校学習指導要領（平成29年告示）解説理科編，東洋館出版社

鹿毛雅治（1994）：内発的動機づけ研究の展望，教育心理学研究，42（3），pp.345-359

稲垣佳世子・波多野誼余夫（1968）：認知的観察における内発的動機づけ，教育心理学研究，16（4），pp.191-251

学習の課題

1. 例に挙げた授業Aでは，どのような"ずれ"が生まれていたのかを考えてみよう。
2. 自分の選んだ単元において，児童が主体的に問題を作りたくなる授業の展開を考えてみよう。

【さらに学びたい人のための図書】

波多野誼余夫・稲垣佳世子（1973）：知的好奇心，中公新書
　⇒児童の知的好奇心を高めるためにはどうすればいいのかが，よく分かる本。ヒトはそもそも，自分の知らないことを知ろうとする生き物であるということを主張している。

佐伯胖（1975）：「学び」の構造，東洋館出版社
　⇒脳科学，心理学，哲学，工学などの多様な研究の知見をもとに，学ぶということの意味を問い直す本。最近の本ではないが，この本を通して今日の教育研究の前提となっている教育観を改めて学んでほしい。

伏見陽児（1999）：心理実験で語る授業づくりのヒント，北大路書房。
　⇒様々な心理実験をもとに，児童の理解を深めるためにはどのような授業がよいのかが論じられている。問題解決を行う上で，どのような題材を取り上げると児童の理解を深めるのかという点で，大変参考になる。

（安部洋一郎）

第 **II** 部

しっかりとした理解に基づく
小学校理科指導のために

CHAPTER 5

エネルギー領域で知っておくとよい概念

1 エネルギー領域の特性と指導のポイント

（1）小学校理科におけるエネルギー領域の内容と見方・考え方

　小学校理科は2区分制で，小学校と中学校のつながりが深まる内容構成である。具体的には，科学体験などの実験を主としたA区分「物質・エネルギー」と，自然体験などの観察を主としたB区分「生命・地球」がある。小学校及び中学校におけるエネルギー領域の内容についてまとめたものが，表5-1である。

　表5-1のように，小学校理科のエネルギー領域はA区分であり，主として

表5-1　小学校及び中学校におけるエネルギー領域の内容

（文部科学省，2018，p.22 を参考に筆者が加筆して作成）

| 校種 | 学年 | エネルギー | | | 物質（一部） | 備考 |
		エネルギーの捉え方	エネルギーの変換と保存	エネルギー資源の有効利用	粒子の存在	
小学校	3	風とゴムの力の働き 光と音の性質（注1）	磁石の性質 電気の通り道			（注1）新規項目「音の伝わり方と大小」を含む。
	4		電流の働き			
	5	振り子の運動	電流がつくる磁力			
	6	てこの規則性	電気の利用（注2）			（注2）「発電」に「光電池（小4から移行）」を含む。
中学校	1	力の働き（注3）				（注3）「力の働き」に「力のつり合い（中3から移行）」を含む。
		光と音（注4）				（注4）新規項目「光の色」を含む。
	2	電流（注5）				（注5）「電気とそのエネルギー」に「電気による発熱（小6から移行）」を含む。新規項目「放射線」を含む。
		電流と磁界				
	3	力のつり合いと合成・分解（注6）	エネルギーと物質（注7）			（注6）「水中の物体に働く力」に「水圧，浮力（中1から移行）」を含む。
		運動の規則性		自然環境の保全と科学技術の利用〈第2分野と共通〉		（注7）「様々な物質とその利用」に「プラステック（中1から移行）」を含む。
		力学的エネルギー				

見える（可視）レベルでの「エネルギーの捉え方」「エネルギーの変換と保存」「エネルギー資源の有効利用」が指導の重点になっている。また，問題解決の過程において，自然の事物・現象を主に量的・関係的な視点などで捉えることを「見方」という。問題解決の中で用いる比較，関係付け，条件制御，多面的などの考え方で思考することを「考え方」という。

　児童らは実験を通して，運動，電気，電磁石などに関する規則性を見つける。そして，新たな発見をして，楽しみながら観察や実験を行う。教師が，熱心に教材研究を行い，丁寧に準備した実験を行えば，ほとんどの児童らは「実験は楽しい」と感じるはずである。これ自体が貴重なものであるが，さらに大切なことは，図5-1に示すように，実験を通じた楽しさの先に知的好奇心が刺激され，新たな疑問が生じることである。さらに，その疑問を手がかりにして，次の学習につなげていくことである。

図5-1　楽しさの先にある知的好奇心へつなげるための学習過程
（文部科学省，2018，p12-19を参考に筆者が加筆して作成）

　教師は，問題解決の力を育てるための「見方」「考え方」を踏まえた上で，各単元のつながりをしっかりと理解することで，楽しさの先にある知的好奇心を刺激させる理科授業の実践に近付くことができると考えられる。そこで，本節では，各エネルギー領域の内容がどのようなつながりがあるのかを，振り子や電気に関する内容などを事例としながら，検討していくことにする。

（2）第3学年「風とゴムの力の働き」

　本単元は，エネルギーの捉え方に関わる内容である。対象は第3学年の児童であるため，実際の指導に当たっては，生活科のおもちゃづくりの活動との関連を考慮する必要がある。児童は，生活科で「風車」「風で走る車」「ゴム鉄砲」などを既に製作しており，その経験をもとに学習を進めていく。ただ，生活科との違いは，例えば，風で走る車に付ける飾りなど，動くために必要のないものは取り除いた上で授業を進めていく点である。というのも，ゴムの力，風の力の大きさなどを変えることで，車の動き方を比較する必要があるからである。例えば，授業の導入では，風で走る車を作って，初めは自由に遊ばせる。児童らは，だいたい強い

図 5-2　斜面の角度に注目した実験

風なら遠くまで進むことを発見できるが，図 5-2 に示すように「滑らせる際の斜面の角度」の違い，あるいは「帆の大きさ」などに目を向けるようになると考えられる。本単元では，次の内容を扱う（文部科学省，2018）。

> （ア）風の力は，物を動かすことができること。また，風の力の大きさを変えると，物が動く様子も変わること。
> （イ）ゴムの力は物を動かすことができること。また，ゴムの力の大きさを変えると物が動く様子も変わること。

　さらに，探究活動の中で，差異点や共通点をもとに問題を見いだし，表現することができるようにする。例えば「何を変えればいいの？」「これで比べられるの？」「みんな扇風機で調べたいの？」などと発問すると，同じ車，同じ帆，風を起こす物，スタートライン，はかり方など，子どもたちからいろいろな答えが出てくる。このように，比較しながら要因を見つける活動が，第5学年「振り子の運動」の学習における条件制御にもつながっていく。

第Ⅱ部
しっかりとした理解に基づく小学校理科指導のために

また，風のパワーについて考えると，理論上，風速が2倍になると風のパワーは8倍に，風速が3倍になると風のパワーは27倍になり，風速次第で風のパワーが大きく異なってくることが分かる。この観点を考慮すると，第3学年「風とゴムの力の働き」は，第6学年「電気の利用」の学習における多面的な考え方にもつながるものであると考えられる。

【コラム5-1】風のパワーについて

　風は，質量を有する流体である。風の質量は，断面積を単位時間あたりに通過する空気の質量のことなので，風が通過する断面積をS〔m²〕，空気密度をρ〔kg/m³〕，風速v〔m/s〕とすると，

風の質量m〔kg〕= $S \times \rho \times v$ …①

したがって，風の運動エネルギーは，

$$\text{風の運動エネルギー〔J〕} = \frac{1}{2} \times m \times v^2 \cdots ①$$
$$= \frac{1}{2} \times (S \times \rho \times v) \times v^2 \quad (\because ①より)$$
$$= \frac{1}{2} \times S \times \rho \times v^3 \cdots ②$$

この式②は，断面積を単位時間あたり〔/s〕に通過する風の運動エネルギー〔J〕という物理的意味を持つ。言い換えれば，風のパワー（〔J/s〕=〔W〕）のことを意味する。

$$\text{風のパワー〔W〕} = \frac{1}{2} \times S \times \rho \times v^3 \cdots ③$$

式③は，1秒あたりに生み出されるエネルギーと捉えることができる。風力発電の場合では発電効率を意味しており，風力発電を知る上で最も重要な式である。式③では風のパワーは断面積，空気密度に比例し，風速の3乗に比例することを表している。したがって，風力発電設置に際しては風速が大きい（風が強い）ことが重要となってくる。

（3）第5学年「振り子の運動」

　本単元も，エネルギーの捉え方に関わる内容である。実際の指導に当たっては，第3学年「風とゴムの力の働き」の学習を踏まえながら，第6学年「てこの規則性」につなげていきたい。本単元では，次の内容を扱う（文部科学省，2018）。

（ア）振り子が1往復する時間は，おもりの重さなどによっては変わらないが，振り子の長さによって変わること。

　さらに，探究活動の中で，予想や仮説をもとに解決の方法を発想し，表現す

ることができるようにする。

山岡・松本（2015）は，授業の導入で不
思議な絵を見せ，様々な意見を出させるこ
とを推奨している。例えば，振り子の授業
の場合，図5-3に示すような村山・日置
（2011）が紹介している実験が参考にな
る。同じ長さに見える2つの振り子を用意
し，同時に振らせた様子を観察させる。実
際は，図5-4のように，おもりの位置が異
なるので，振れ方に差が出てくる。この不
思議な現象を観察し，振れ方の違いの要因
は何かについて考えさせると，長さ，重
さ，振れ幅などの条件が出てくる。そうし

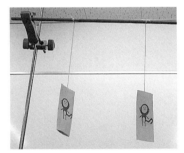

図5-3　同じような2個の振り子
（村山・日置，2011をもとに作成し，
筆者が撮影）

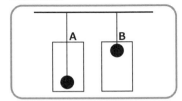

図5-4　つけたおもりの位置

【コラム5-2】束縛条件について

　振り子の運動では「ひもの張力は，常に運動の方向に垂直に働く」「ひもの張力は，
振り子の長さを一定に保つように作用する」「ひもの張力は，仕事を全くしない」な
どが成立する。これは，常に成り立つ条件なのだろうか。ここでは，振り子の束縛条
件について考えることで，どのような実験の準備をすればよいのかについて考えてみ
たい。

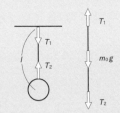

　振り子の長さ l は，ひもをつるした支点から，おもり
の重心までの距離のことである。ひもが支点を引く力の
大きさを T_1（下向き），おもりを引く力の大きさを T_2（上
向き）とすれば，その反作用で支点はひもを T_1（上向
き），おもりはひもを T_2（下向き）で引いている。おもり
の質量 m，ひもの質量 m_0 とすれば，運動方程式より，
おもり：$m \times 0 = T_2 - mg$…①
ひ　も：$m_0 \times 0 = T_1 - T_2 - m_0 g$…②
ただし，g は重力加速度とする。ひもは，おもりに対して非常に軽く，質量が無視で
きる（$m_0 \to 0$）と考えたとき，②式より，$T_1 = T_2$ となる。
以上から，「質量が無視できるひもの張力はどこでも等しい」という束縛条件がある
ことが分かる。なお，この条件を満たすために，実験用で使用するひもは，『振り子
が運動しているときに極力伸び縮みしない丈夫なたこ糸などがよい』と考えられる。

第Ⅱ部
しっかりとした理解に基づく小学校理科指導のために

た条件をどのように扱うべきかを考える際に，どうしても知っておくべきことがある。それは，エネルギーの見方に関わるもので，中学校理科や高等学校物理につながるものである。換言すれば，振り子の学習には，力学の基本となる概念が多く含まれている。以下に，この単元の学習で，教師が知っておくべきことをまとめてみた。

　まず，振り子の重さを変える際に，図5-5（左側）のように，おもりを縦につなぐと，振り子の長さが長くなってしまうことに注意しなければならない。振り子の長さの基準は，ひもをつるした支点からおもりの重心までと考える。したがって，振り子の長さ l を変えないためにも，図5-5（右側）のように，おもりを横につなぐ必要がある。

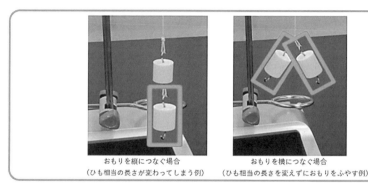

おもりを縦につなぐ場合
（ひも相当の長さが変わってしまう例）

おもりを横につなぐ場合
（ひも相当の長さを変えずにおもりをふやす例）

図5-5　おもりのつなぎ方

　また，条件制御で，おもりの重さ，振れ幅を同じにしたまま，振り子の長さを変えて，周期（1往復する時間）T を測定する場合は，次の式を用いて計算することができる。

$$T=2\pi\sqrt{\frac{l}{g}} \quad \left[\begin{array}{ll} T：周期 & l：振り子の長さ \\ g：重力加速度 & \pi：円周率（3.14） \end{array} \right]$$

　周期 T の式には，次の①から⑥の物理的意味が含まれている。

①周期 T は振り子の長さ l に関係する

　周期 T の式を見ると，振り子の長さ l の項は式に入っているので，周期 T

は振り子の長さ *l* に関係することが分かる。

②周期 *T* は振れ幅に関係しない

　振れ幅に関する項は，式に入っていないことから，周期 *T* は振れ幅に無関係であることを示している。これは，イタリアのガリレオ・ガリレイが発見した「振り子の等時性」と言われているものである。今から約 400 年前，ピサの街の教会のシャンデリアがゆっくりと揺れていた様子を見たとき，振れ幅が小さくなっても周期が変わらないことに気付いたと言われている。ストップウォッチがない時代であり，自分の脈拍で測定したとか，水滴の周期的な時間を活用したとも言われている。

③振れ幅は大きくても 30°程度まで

　この周期の式は，$\sin \theta \fallingdotseq \theta$ という近似を用いて成り立つ式なので，振り子の振れ幅が小さいということが前提となっている。これが，小学校の教科書で，振れ幅は大きくても 30°程度までとしている理由である。

④周期は $\sqrt{l}$ 倍

　重力加速度は $g \fallingdotseq 9.8\text{m/s}^2$ であるため，ほぼ一定の値と見なせば，振り子の長さが 4 倍になると，周期は $\sqrt{4} = 2$ 倍となり，振り子の長さが 9 倍になると，周期は $\sqrt{9} = 3$ 倍となることが分かる。

⑤月面上では，重力加速度の影響で振れ方が変化する

　重力加速度 *g* に注目すると，例えば月面上では，重力加速度は 1/6 になるので，周期は地上の $\sqrt{6}$ 倍になることが分かる。

⑥周期は質量に依存しない

　さらに，この周期 *T* の式には *m* という物理量が式に入っていない。つまり，周期 *T* は，おもりの質量 *m* に依存しない，という重要な物理的意味が含まれているのである。

　多くの児童は「重いものほど，速く落ちる」というアリストテレスの自然観に基づく素朴概念をもっている。このイメージから，振り子についても，重いおもりの方が周期は短くなるだろう，というイメージで授業に臨むことが多

第Ⅱ部
しっかりとした理解に基づく小学校理科指導のために

い。

　ただ，この概念については，ガリレオの
「新科学対話」の中で見られる思考実験
で，うまく乗り越えることができる。図
5-6 のように 2 つの物体（質量 M ＞質量
m）があり，この 2 つの物体を同時に落下
させたとき，質量 M の方が重いので，速
く落ちると仮定する。この仮定が正しいな
らば，図 5-7 のようにひもで結ぶと，図

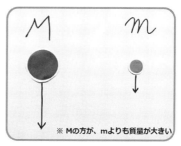

図 5-6　2 つの物体の落下
（ガリレオ（著），今野・日田（訳），
1638 ／ 1948 をもとに作成）

5-8 のように落下し，重い物体は軽い物体に引っ張られる。その結果，質量 M
のおもり単独で落下するよりも，遅く落下することになる。

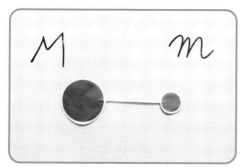

図 5-7　2 物体をひもで結んだ様子

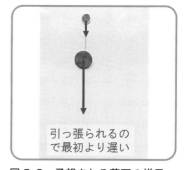

図 5-8　予想される落下の様子

図 5-9　ひもが極めて短い場合

図 5-10　予想される落下の様子

次に，図5-7のひもを極めて短いものと考えてみると，図5-9のようになる。このとき，質量は M + m に見える。その結果，図5-10のように，質量 M のおもり単独で落下するよりも，速く落下することになる。

図5-8と図5-10の予想される落下の様子は，完全に矛盾している。その結果，先に述べた仮定「重いものほど，速く落ちる」が誤りであることが分かる。

（4）第3学年「電気の通り道」

本単元は，エネルギーの変換と保存に関わり，第4学年「電流の働き」の学習につなげていく内容である。本単元では，次の内容を扱う（文部科学省，2018）。

> （ア）電気を通すつなぎ方と通さないつなぎ方があること。
> （イ）電気を通す物と通さない物があること。

さらに，探究活動を行う中で，差異点や共通点をもとに，電気の回路についての問題を見いだし，表現することができるようにする。

電流についての子どもたちの特徴的な考え方は，オズボーンら（1985）の調査がよく知られている。それは，乾電池を使って豆電球に明かりをつけるという電気回路において，導線の中を流れる電流がどのようになっているのかについて，学習前の児童らの考えを面接法などによって調査した研究である。科学モデルは，図5-11のように，電流はプラス極から出て豆電球まで行き，マイナス極に戻ってくるというものである。その際に，プラス極側，マイナス極側の両方の導線を流れる電流の量は同じである。

オズボーンら（1985）の調査結果は，典型的事例として，図5-12のようにまとめられている。こうした考え方は，論理的，科学的方法ではな

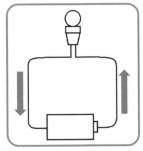

図 5-11 豆電球回路の科学モデル

第Ⅱ部
しっかりとした理解に基づく小学校理科指導のために

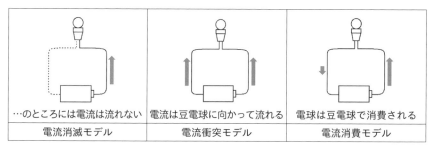

…のところには電流は流れない	電流は豆電球に向かって流れる	電球は豆電球で消費される
電流消滅モデル	電流衝突モデル	電流消費モデル

図 5-12　電気回路に関する学習前の子どもたちによる考えの類型化
(オズボーンら, 1985 をもとに作成)

く，日常経験の中で生まれてくる科学的に間違った考え方や見方によって生じることが多い。この考え方は，幼い頃から人の考えの中に生まれて蓄積される直感的な理解であり，素朴概念と言われる。堀（1998）は，素朴概念は自動的に科学概念に変容するものではないため，子どもたちの知識や考え方を知り抜いた教師の存在意義は大きいと述べている。つまり，授業前の児童の素朴概念を知ることは，教師にとって大変意義深いものである。

　電気回路を理解させる目的で，回路の導線に相当する部分には，図 5-13 のようにアルミテープを貼るという方法も考えられる。アルミテープを貼ることで，電気回路を指でなぞりやすくなるため，小学校高学年の電気回路の理解を促進させるための教材として活用できるものと考えられる。こうした自作教材は，電気回路に関しては，素子（電気回路や電子回路を作るときの最小単位の部品のこと）を見える形で回路化することによって，理科で得た知識を，体験を通して実感させることができる。さらに，限られた予算の中で可能な限り安

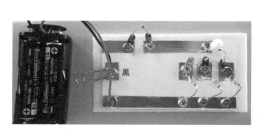

図 5-13　導線部分に貼ったアルミテープ

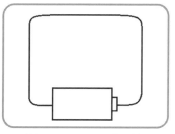

図 5-14　ショート回路

価に作成するという条件をクリアできたり，教師の教材に対する熱意が児童ら
に伝わったりするなど，教育上の効果は大きいものがある。ただ，図5-13の
ような電気に関する自作教材の場合，予期せぬ場所でコードが切れて，結果的
に図5-14に示すような状況になることも考えられる。これは，ショート回路
と呼ばれ，抵抗となる電球などが1つも入っておらず，電池の＋極と−極を
直接つなぐ回路のことである。電池は取り扱いが簡単であるが，必ずしも安全
な電源ではなく，危険な一面もある。例えば，ごみ置き場で積層電池（高電圧
の出力を実現するために複数の電池を組み合わせて作られた電池のこと）にア
ルミホイルが被さり，火災が起きた例が実際にある。つまり，ショート回路に
なってしまうと，電池が発熱，破裂，発火する危険性があるため，自作教材の
場合は特に，使用後は電池を外すようにすることを徹底させておく必要があ
る。

（5）第6学年「電気の利用」

　本単元は，エネルギーの変換と保存，エネルギー資源の有効利用に関わる内
容である。第5学年「電流がつくる磁力」の学習を踏まえて，中学校理科の学
習につなげていきたい。本単元では，次の内容を扱う（文部科学省，2018）。

> （ア）電気は，つくりだしたり蓄えたりすることができること。
> （イ）電気は，光，音，熱，運動などに変換することができること。
> （ウ）身の回りには，電気の性質や働きを利用した道具があること。

　さらに，探究活動を行う中で，電気の量と働きとの関係，発電や蓄電，電気
の変換について，より妥当な考えをつくりだし，表現することができるように
する。
　電池は，化学反応を利用した化学電池と，光や熱エネルギーを利用した物理
電池がある。化学電池は，マンガン電池，アルカリ電池などの乾電池は一次電
池と，携帯電話やゲーム機など充電する際に使用されているリチウム電池など
の二次電池（充電池）がある。一方，物理電池は，理科授業で使用されている

第II部
しっかりとした理解に基づく小学校理科指導のために

コンデンサーや太陽電池などがある。児童らは，電池とは電気をためるものであると認識し，全て同じ電池であると考える傾向にある。しかし，乾電池は必要に応じて電力を取り出せるのに対し，コンデンサーはたいていの場合，すぐに電力を放電してしまうため，長時間電力を保持し続けることはできない，などの理由か

ら用途が異なる。例えば，手回し発電機で充電したコンデンサーで電子ブザーを鳴らす実験をする場合を考えてみよう。手回し発電機を用いて，1F コンデンサーに充電する。手回し発電機を 10 秒程度回転させると，ハンドルが軽くなり充電が完了したことが体感できる。充電したコンデンサーを豆電球につなぐと，しばらく点灯し，放電が完了すると消える。一方，小さな電流で音が鳴る電子ブザーをコンデンサーにつなぐと，わずか 2，3 回転程度の充電でも，比較的長い時間，電子ブザーのメロディーが教室に鳴り響くことが分かる。

引用・参考文献

　堀哲夫（1998）：問題解決能力を育てる理科授業のストラテジー素朴概念をふまえて，pp.14-17，明治図書.

　文部科学省（2018）：小学校学習指導要領（平成 29 年告示）解説理科編，東洋館出版社.

　村山哲哉・日置光久（2011）：小学校理科 板書で見る全単元・全時間の授業のすべて 5 年，東洋館出版社，pp.164-175.

　オズボーン・フライバーグ（著）森本信也・堀哲夫（訳）（1985／1988）：子ども達はいかに科学理論を構成するか‐理科の学習論‐，pp.35-43，東洋館出版社.

学習の課題

1. 第5章を読んで，楽しみの先にある知的好奇心を促進させる理科授業の実践のためには，何が必要か考え，まとめよう。

2. 図のように，2台のブランコに，同じ体重の2人の子どもが乗っている。1人はブランコに座り，もう1人は立って乗っている。2人がブランコをこぐとき，ブランコの周期はどちらが速いだろうか。また，そのように考えた理由もあわせて答えよう。

3. コンデンサーにつないだ手回し発電機のハンドルを回し続けると，やがて軽くなる。この理由を説明してみよう。

【さらに学びたい人のための図書】

山岡武邦（2021）：発問フレームワークに依拠した理科授業の開発，風間書房
　⇒発散的発問から収束的発問を行う構造で自然現象を説明する理科独自の発問フレームワークを構築した過程や，本節で紹介した導入場面での不思議な絵の活用について，具体的な実践報告を含め，分かりやすく解説している。

池本洋一・山下省蔵（2015）：新しい時代の家庭機械・電気・情報，ジュピター書房
　⇒社会生活で必要な家庭機械等について丁寧に解説している。中学校技術・家庭科向けに書かれているが，教科理科においても参考になる。

（山岡武邦）

粒子領域で知っておくとよい概念

1 粒子概念と児童の実態

　全ての物質は原子，イオン，分子といった粒子からなる。これを粒子概念という[1]。これらの粒子一つひとつはとても小さく目に見えない。したがって，物質が粒子からなることを意識するのは難しい。さらに，物質は温度や圧力の条件により固体・液体・気体と状態変化するが，その際，見た目や匂いが変化する場合も多い。これにより，それらが同一物質であることを理解することが難しくなる。例えば，我々にとって身近な物質である水は，氷・水・水蒸気と状態を変化させるが，液体状態である水は，日常では水溶液（混合物）として存在しており，無色透明であれば水溶液を「水」と呼ぶこともある。このため，純物質（1種類の物質からなるもの）としての水の性質を理解するのが難しくなるのである。また，水蒸気は気体なので目に見えないのであるが，小さな水滴として空に浮かんでいる雲や湯気，霧を水蒸気と考えたり，あるいは「見えないものは存在していない」と考えたりする児童も多い。

　このような児童らが日常生活や経験を通して獲得している素朴な概念や考え方を「素朴概念」や「素朴な考え方」と呼ぶ。素朴概念は，誤概念やミスコンセプションなどとも言われるが（堀，1994，p.33），ここではそれらを総称して「素朴概念」とする。

　以上を踏まえ，粒子概念を小学校理科で扱う上では次の6つを理解しておく必要がある。

（1）粒子概念の6つのポイント

ポイント1　粒子の数は化学反応の前と後で，増えも減りもしない

1　物質がこの3つの粒子のどれから成り立っているかについては，それぞれの原子のもつ価電子の数などに関係する。

これは，質量保存の法則に関することである。例えば，燃焼は酸化還元反応であるため，反応前と反応後では物質が変化し，別の物質が生じる。物質が変化するのは，その物質を構成する粒子の組み替え，つまり結合の仕方が変わるためである。つまり，その物質を構成する粒子の数には変化はないのである。

　また，物理変化も同様である。例えば，第5学年「物の溶け方」では，「水に物を溶かす前後で重さが変わる」と考える児童が多いことが知られている。塩化ナトリウム（食塩）[2]を水に溶かすと，もともと白かった塩化ナトリウムは，透明で見えなくなってしまうため，「水に溶かしたらなくなってしまった」と考えてしまう傾向がある。これは，塩化ナトリウムが消えてしまうのでなく，塩化ナトリウムを構成していた粒子がバラバラになって存在するようになり，それらが小さいために目に見えなくなったことによる。

ポイント2　粒子の質量や体積は変わらない

　それぞれの物質を構成する粒子は，それぞれに固有の質量や大きさ（体積）をもっている。これにより，条件を一定にして質量を測定することで，物質を同定することができる。

ポイント3　粒子は熱運動をしている

　熱運動とは，「物質を構成する粒子は，存在する空間の温度に応じた運動エネルギーをもち，絶えず不規則に運動している」ことを指す（p.75の図6-1参照）。固体は，その物質を構成する粒子が絶えず振動している。気体は，気体分子が高速で飛び回っている。例えば，窒素分子（1気圧・25℃）は，時速2000kmほどに達する。このため気体分子は体に衝突し，私たちは衝撃を感じる。これが圧力である（齋藤，2018，p.11）。

ポイント4　粒子同士は互いに引き合う

　粒子は互いに引き合うため結び付く。この結び付きを化学結合といい，化学結合には，イオン結合，共有結合，金属結合などがある。これ以外に分子間に働く分子間力がある。水素結合はこの典型である。

2　食塩は塩化ナトリウムが主成分であるが，炭酸マグネシウムなどが含まれる混合物である。

> **ポイント5　粒子と粒子の間にはすき間がある**

　粒子間のすき間は，気体の状態が最も広く，続いて，液体の状態，固体の状態と続く。したがって，物質が気体状態である場合は，目に見えない。煙や雲を気体と捉えるような素朴概念が存在するが，これらは気体ではない。

> **ポイント6　児童に身近な空気は混合物であり，水は特異な物質である**

　私たちは空気に囲まれて生活している。したがって理科室を含め身近で起こる化学反応の多くは空気が関係する。しかし，児童は，普段，空気の存在を意識することは少ない。また，水は科学的に特異な物質である。例えば，氷（固体）は水（液体）に浮くが，他の物質ではほぼ見られない現象であり，ほとんどの物質は，固体の密度は液体に比べ大きく，固体は液体に沈む。これは水分子同士が水素結合していることによる[3]。さらに，水は日常生活の中で氷，水，水蒸気という三態変化が見られる。このような物質は他にはほとんどない。

　日常生活において児童は，空気は気体の代表，水は液体の代表といった意識が強い。しかし，先述したように空気は混合物であり，水は特異な物質であるため，素朴概念と科学的な概念の間にギャップが生じると考えられる。

表6-1　子どもの思考の特徴

①	生活的概念による思考
②	直感に依存した思考
③	知覚の焦点を限定した思考
④	変化状態に注意を集中した思考
①	直感的な因果関係の推論による思考
②	状況に依存した思考
③	自己中心的思考
④	人間中心的思考
⑤	アニミズムと情動主義的な思考

（2）子どもの思考の特徴

　上記で述べたような日常生活で得られた概念や考え方が，子どもの理解や思考に大きく影響することが知られている。これらは「子どもの思考の特徴」と言われる。堀（1994）は，「子どもの思考の特徴」として，表6-1に示す9つを挙げている。教師は授業を行う際，これらに十分留意する必要がある。これ

3　詳しく知りたい人は，章末の文献を参照されたい。

は，粒子領域に限らずいえることである[4]。

2　粒子領域の4つの概念

　解説理科編では，粒子領域を「粒子の存在」「粒子の結合」「粒子の保存性」「粒子のもつエネルギー」の4つの概念に分けて取り扱っている。ここでは粒子領域の内容を，素朴概念や考え方及び「子どもの思考の特徴」に留意しながら解説する。

(1)「粒子の存在」

第4学年「空気と水の性質」

　この単元では，次の2つの内容を扱う（文部科学省，2018）。

> （ア）閉じ込めた空気を圧すと，体積は小さくなるが，圧し返す力は大きくなること。
> （イ）閉じ込めた空気は圧し縮められるが，水は圧し縮められないこと。

　まず，（ア）についてである。「ポイント5」で述べたように，気体は粒子間の距離が大きいので，圧すとその距離が縮まり全体の体積は小さくなる。圧し返す力が大きくなるのは「ポイント3」で述べたような気体の圧力による。（イ）についてであるが，水は粒子間の距離が小さいため圧し縮められない。

　また，空気の重さにも注意したい。空気は体積比が大きい順から窒素，酸素，アルゴン，二酸化炭素などの気体が混合したものである。それぞれの気体は，窒素分子，酸素分子，アルゴン分子，二酸化炭素分子からなる。それらは目に見えないくらい小さいため，身近な存在である空気の存在を意識するのは難しい。さらに，「ポイント2」で述べたように，空気は分子が集まってできているので空気にも重さがある。しかし，普段はその空気に囲まれて（背負って）生活しているため認識するのは難しい。

　水も同様で，水分子が集まってできているのであるが，一つひとつの水分子

4　それぞれについては，堀（1994）を参照されたい。

第Ⅱ部
しっかりとした理解に基づく小学校理科指導のために

も目に見えない小さい粒子である。水は空気と違い，その存在を目で確認することができる。空気と同じ小さな粒子からなるにもかかわらず，なぜ水は見ることができるのだろうか。それは，「ポイント5」で述べたように，水蒸気（気体）よりも液体の水では，分子間の距離が小さい（狭い）からである。気体の場合はその距離の平均は大きく（広く），液体の場合はそれと比較すると小さい（狭い）。固体の場合はさらに小さく（狭く）なる。そのため，隙間が小さくなるため全体を目で捉えることができる。図6-1は，水分子を例に固体（氷），液体（水），気体（水蒸気）の水分子の様子を示したものである。

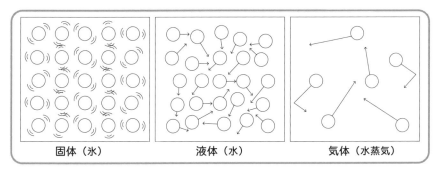

図6-1　物質の三態　　　　　　　　　　　　　　　　（○は水分子を示す）

　このように目に見えないものを児童に実感させるためには，五感を活用することが重要となる。例えば，第4学年「空気と水の圧縮」は，空気を満たしたビニール袋を押してみたりピストンなどを用いて閉じ込めた空気や水を圧縮させたりして，粒子と粒子の距離が大きい空気（気体）は，その距離が縮むため体積が小さくなり，水（液体）は，その距離が小さいためほとんど体積は変わらないことを，観察・実験を通して実感させる。

第6学年「燃焼の仕組み」

　本単元では，次の内容を扱う（文部科学省，2018）。

> （ア）植物体が燃えるときには，空気中の酸素が使われて二酸化炭素ができること。

燃焼の様子を観察しやすい植物体には，木片や紙，ろうそくなどがある。

　物を燃やすには酸素が必要であり，その酸素は空気から供給される。本単元の素朴概念や考え方としては，「集気びんの中でろうそくを燃やすと集気びんの中の酸素はなくなってしまい，その代わりに生じた二酸化炭素で満たされる」といったものが挙げられる。実際は，物が燃えると集気びん中の酸素の一部が使われて二酸化炭素が生じることで酸素の体積比は<u>わずかに</u>減少する[5]（図6-2）。また，燃焼後に火が消えるのは，二酸化炭素がその役割を果たすと考えている児童も多い。つまり，二酸化炭素には火を消す性質があると考えている。実際には，二酸化炭素はそのような性質はもたない[6]。

　物を燃やし続けるには，物を燃やす性質のある酸素の供給が継続的に必要である。本単元では，酸素が空気中から供給されること，燃焼前後で酸素の量（体積比）がわずかに減少することを，気体検知管を用いた観察・実験により学ぶ。

　酸素も二酸化炭素も気体なので目に見えない。ゆえに，その存在を捉えることが難しい。反面，物を燃やして生じる煙やそのにおいを経験したことがある

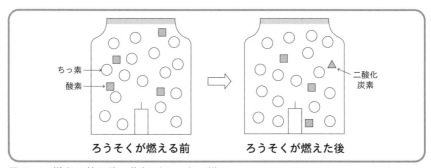

図6-2　燃える前と後の集気びんの中の様子

5　植物体の場合，その成分にもよるが燃やすと水（水蒸気）も生じる。これは中学校以降で学習する内容であるが，子どもにとって水は火を消すものであって，燃やした結果生じるという事実を受け入れるのは難しい。
6　燃焼は酸化・還元反応であり，例えば，二酸化炭素が充満した中で金属マグネシウムは燃焼する（$2Mg + CO_2 \rightarrow 2MgO + C$）。

　　　第Ⅱ部
　　　しっかりとした理解に基づく小学校理科指導のために

ため，児童は「物が燃える前はきれいだった空気が，燃えた後には汚くなる」といった素朴な考えをもつことが知られている。煙やそのにおいは，二酸化炭素とは関係ないのであるが，それを二酸化炭素の性質と勘違いしてしまうのである。

(2) 粒子の結合

第6学年「燃焼の仕組み」

燃焼は酸化・還元反応である。これについては先述の「ポイント1」を参照されたい。

第6学年「水溶液の性質」

本単元では，次の3つの内容を扱う（文部科学省，2018）。

> （ア）水溶液には，酸性，アルカリ性及び中性のものがあること。
> （イ）水溶液には，気体が溶けているものがあること。
> （ウ）水溶液には，金属を変化させるものがあること。

（ア）では，酸性，アルカリ性（塩基性），中性といった水溶液の液性を学ぶ。水溶液としては「炭酸水，薄い塩酸，薄い水酸化ナトリウム水溶液」などが用いられる。炭酸水は児童にとって飲み物としても身近なものであるが，二酸化炭素が水に溶けた弱酸性の水溶液である。薄い塩酸は強酸性，薄い水酸化ナトリウム水溶液は強塩基性をもつ水溶液である[7]。

水溶液の酸性・アルカリ性の強弱は，水溶液中の水素イオン濃度 $[H^+]$ の大きさで表すことができる。これを水素イオン指数（pH）と呼ぶ（pH ＝ $-\log_{10}[H^+]$）pH は 0 から 14 で示され，pH ＝ 7 が中性，7 より小さい（pH ＜ 7）と酸性，7 より大きい（pH ＞ 7）とアルカリ性である。

この単元では，リトマス紙を用いて，表6-2のように液性を判断する。

7　小学校では塩基という言葉は用いない。アルカリの定義は明確ではないが塩基の一種である。

表 6-2　小学校理科における液性の判断

液性	酸性（PH＜7）	中性（PH＝7）	アルカリ性（PH＞7）
青色リトマス紙	青色が赤く変わる	変化なし	変化なし
赤色リトマス紙	赤色のまま	変化なし	赤色が青く変わる
リトマス紙の色の変化	青色だけが赤く変わる	どちらの色も変化なし	赤色だけが青く変わる
例	炭酸水，塩酸	食塩水，純水	石灰水，アンモニア水

　（イ）では，固体が溶けている水溶液と比較しながら，気体が溶けている水溶液を扱う。固体が溶けている水溶液としては，例えば食塩水や石灰水を扱い，それらの見た目やにおいを，水を蒸発させる前と後で比較して水溶液の性質の違いについて学ぶ。食塩水や石灰水は，水を蒸発させると白いものが残る。

　気体が溶けている水溶液としては，炭酸水（二酸化炭素が水に溶けたもの）や，うすい塩酸（塩化水素が水に溶けたもの），うすいアンモニア水（アンモニアが水に溶けたもの）がよく用いられる。塩酸やアンモニア水は取扱いに十分注意をする必要がある。窓を開けるなどして換気を十分に行うことや，保護メガネの着用，さらに鼻を近付けて直接嗅ぐような行為はしないことを必ず事前に指導する。気体が溶けている水溶液の場合，特有のにおいがするものがあることにも注目させる。そのにおいから，気体の存在を意識させる。ここでは，溶けていた気体が空気中に出ていたことや，発生した気体は再び水に溶けることも捉えるようにする。水を蒸発させて白いものが残る水溶液と何も残らない水溶液があることを，児童自らが気付くような工夫が必要になる。

　最後に，（ウ）では，水溶液に溶かした金属や，金属が溶けた水溶液から金属を取り出すことを扱う。酸性の水溶液には，金属を溶かす性質がある。また，多くの金属は酸性の水溶液に溶けて水素を発生する。ただし，全ての金属が変化するわけではない。金や銀，銅などは薄い酸には溶けない[8]。

8　これらは，金属のイオン化傾向に基づく。一般的にアルカリ性の水溶液には金属を溶かす性質はないが，両性元素（アルミニウム，亜鉛，スズ，鉛など）は，強いアルカリ性水溶液に溶けて水素を発生する。

（3）粒子の保存

第3学年「物と重さ」

本単元では，次の2つの内容を扱う（文部科学省，2018）。

> （ア）物は，形が変わっても重さは変わらないこと。
> （イ）物は，体積が同じでも重さは違うことがあること。

まず，（ア）について，物は形が変わってもそれを構成する粒子の数は変わらないので重さ（質量）は変わらない。このように重さは物質の量，言い換えるとその物質を構成する粒子の数に比例する。ここでは，「量が同じでも形が変わると重さが変わる」といった素朴概念が存在する。これは，表6-1「子どもの思考の特徴」の「③知覚の焦点を限定した思考」や「④変化状態に注意を集中した思考」などによるものと考えられる。

次に，（イ）について，ここでは見た目の大きさ（体積）に焦点が当たることによって，「大きさが同じ＝重さも同じ」という素朴概念が存在する。例えば，同形，同体積の木材と金属を児童に提示すると，「どちらも重さは同じだと思う」と答える場合がある。先述したように，重さはその物質を構成する粒子の数に比例するので，違う物質，つまり，異なる粒子の集まりであれば同じ大きさでも重さは異なることになる。

このように，ここでは重さの変化に注目させることが重要である。

第5学年「物の溶け方」

本単元では，次の3つの内容を扱う（文部科学省，2018）。

> （ア）物が水に溶けても，水と物とを合わせた重さは変わらないこと。
> （イ）物が水に溶ける量には，限度があること。
> （ウ）物が水に溶ける量は水の温度や量，溶ける物によって違うこと。また，この性質を利用して溶けている物を取り出すことができること。

まず，（ア）について，これは「ポイント2」で述べた重さの保存を意味する。溶ける（溶解）とは，液体中に他の物質が混合して均一な液体になる現象である。このとき，液体（溶媒）と溶けた物質（溶質）のそれぞれを構成する粒子の数に変化はない。つまり，重さは変わらないのである。ここで重要な点は，均一な液体になることである[9]。

均一な液体とは，その水溶液が透明になることで確認できる。つまり，ものを溶解させることでそれらを構成する粒子がバラバラに存在することになり，目に見えなくなるのである。実際には，溶質の粒子が水分子によって取り囲まれる。これを水和という（図6-3）。

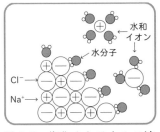

図6-3　塩化ナトリウムの溶解

例えば，食塩（塩化ナトリウム）を水に溶かすと，電離してナトリウムイオン（Na^+）と塩化物イオン（Cl^-）になるのであるが，実際には各イオンの周辺をいくつかの水分子が取り囲んだ水和イオンになる（砂糖のような分子からなる物質の場合は水和分子の状態になる）。安定な水和イオンは熱運動によって拡散し，均一な溶液になる。これは水和分子も同様で，水和に必要な水分子の数は，溶けている溶質を構成する粒子によって異なる。水和は，（イ）と（ウ）とも関係する。

水和には，多くの水分子が必要となるため，物が水に溶ける量には限度がある。この量は温度により変化する。これを溶解度という。このように物が水に溶ける量は水の温度や量や溶ける物によって異なる。この性質を利用して，溶けている物を取り出すことができる（再結晶）。溶質として塩化ナトリウムの他にミョウバンが用いられるが，これは温度を変えたときに，ミョウバンが水に溶ける限度の量の変化が大きいことによる。塩化ナトリウムは溶解度の温度による変化が小さいので気を付けたい。

9　これは，2017年の学習指導要領改訂により，中学校1年生から移行した内容である。

ここでは，次のような素朴概念が存在する。

①水溶液は時間が経つと下の方が濃くなる。
②水に物を溶かす前後で重さが変わる。
③食塩水は濾紙でろ過できる。

①は，水溶液の均一性に関係する。先述したように，物が水に溶けると水和し，それらは熱運動により拡散し均一になるため，溶液はどこをとっても同じ濃度となり，時間が経っても変化しない（図6-4）。

②は，粒子の保存性に関係する。物が水に溶ける前後でその物を構成する粒子の数は変化しないので，重さも変わらない。

③は，水和して生じた水和イオンや水和分子は，ろ紙の穴よりも小さくて紙をすり抜けるため，ろ過できない。

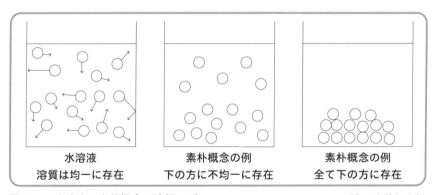

図6-4　水溶液と素朴概念の溶解モデル　　　　　　　　（○は溶質を示す）

これらは，児童の生活経験によるものが大きく，科学的概念に変容させるのは難しい。例えば③では，ろ紙やろ過の仕組みにも注目し，その意味を感得させることが必要である。

第6学年「水溶液の性質」

本単元は，「(2) 粒子の結合」で詳しく述べたが，これらは粒子の保存性と

も関連して学習する。

（4）粒子のもつエネルギー

第4学年「金属，水，空気と温度」

　この単元では，次の3つの内容を扱う（文部科学省，2018）。金属は固体，水は液体，空気は気体である。ただし，空気は混合物であることに注意する。

> （ア）金属，水及び空気は，温めたり冷やしたりすると，それらの体積が変わるが，その程度には違いがあること。
> （イ）金属は熱せられた部分から順に温まるが，水や空気は熱せられた部分が移動して全体が温まること。
> （ウ）水は，温度によって水蒸気や氷に変わること。また，水が氷になると体積が増えること。

　（ア）は，温度による体積の変化についてである。固体，液体，気体では，温度による体積の変化はそれぞれ大きく異なる。「ポイント3」に示したように，粒子は熱運動をしているが，熱運動の大きさは温度に比例する。つまり，温度が高くなれば熱運動は大きくなり粒子間の距離は大きくなる。これにより体積は大きくなる。したがって，気体の集まりである空気は，温度による体積の変化が最も大きくなる。

　次に（イ）について，金属のような固体は，それを構成する粒子の熱運動（振動）が熱せられた部分から伝わるため，その部分から順に温まる。これに対して水や空気は，それらを構成する粒子間の距離が固体に比べて大きいので，粒子が動き回り（移動し）全体が温まる。実際には，温められた水や空気が上に動いて全体が温まる。これについては金属，水，空気は同じように温まると考えている児童が多い。熱伝導と熱対流の違いを意識しておきたい。また，水や空気はそれらが入った容器内で回転していると考えている児童も多い（図

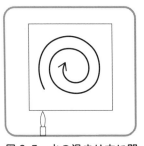

図6-5　水の温まり方に関する素朴概念

第Ⅱ部
しっかりとした理解に基づく小学校理科指導のために

6-5）。

　このように目に見えない粒子やその粒子間の距離を認識するのは難しい。ここでも観察，実験により，客観的な事実を根拠に考えるといった学習活動が重要となる。

　（ウ）は，物質の三態を指す。ここで注意したいのは，水が氷になると体積が増えることである。これは，「ポイント 6」で述べたように水分子が水素結合しているためにもつ特異な性質である。

（5）まとめ

　以上，本章では粒子領域について，6 つのポイントを中心に説明した。児童のもつ素朴概念や考え方は，個々によって異なることが多い。授業を行う際は，児童の学習状況（概念の形成過程）に留意し，その実態に基づいて行うことが重要となる。

引用・参考文献
　堀 哲夫（1994）：理科教育とは何か，東洋館出版社
　文部科学省（2018）：小学校学習指導要領（平成 29 年告示）解説理科編，東洋館出版社
　齋藤勝裕（2018）：あなたと化学—くらしを支える化学 15 講—，裳華房

┌─ **学習の課題** ─────────────────
│ 1. 粒子領域の 6 つのポイントを軸に各単元を結び付けてみよう。
│ 2. 各単元で見られる素朴概念や考え方を「子どもの思考の特徴」で説明してみよう。
└─────────────────────────

【さらに学びたい人のための図書】
　数研出版編集部（2021）：三訂版　視覚でとらえるフォトサイエンス　化学図録，数研出版
　　⇒写真と図が多く，ビジュアル的に理解しやすい。高校の参考書としても用いられる。

　桜井弘監修（2020）：Newton 大図鑑シリーズ VISUAL BOOK OF THE CHEMISTRY 化学大図鑑，Newton Press
　　⇒これもビジュアル的に理解しやすい。暮らし，人体，テクノロジーと化学の関係を分かりやすく解説している。読み物としても面白い。

（中島雅子）

CHAPTER 7　生命領域で知っておくとよい概念

1　生命領域の特性と指導のポイント

（1）「共通性」と「多様性」の見方とその留意点について

　生命領域は「生きているとはどういうことか」，すなわち生物の生命活動に関わる内容を取り扱う領域である。現在認知されている生物は 150 万種とも言われている。これらはおよそ 39 億年前に始まった「共通」な祖先から，進化していった結果，今日の「多様」な生物が出現してきたと言われている（図7-1）。

　言い換えれば，現存の生物の多様性の中には，遺伝情報を次世代に受け継ぎ，世代交代を繰り返すことによって，生命を更新していくという共通性がその根底にある（生命の連続性）。このため，生命領域では「共通性」と「多様

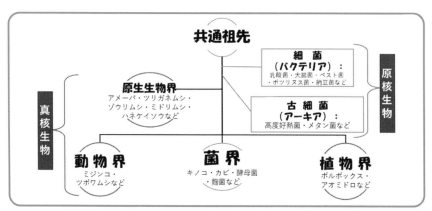

図7-1　生物界の系統分類（共通祖先から多様な生物への進化の家系図）

※上記の各分類群の生物名は，第6学年教科書に記載されている「水中の小さな生物」や，古細菌以外は日常よく聞く微生物（動物・植物を除く）である。真核生物は細胞内に膜に包まれた「核」が存在する生物，原核生物は「核」が認められないものをいう。無生物とみなされるウイルスは除外。

第Ⅱ部
しっかりとした理解に基づく小学校理科指導のために

性」の視点で捉えることを重視する。例えば，小学校第3学年「身の回りの生物」において，色・形・大きさなどの特徴を見つけ，その相違点は生息している多様な環境と関連していることに気付かせることが大切である。さらに，様々な昆虫の観察において，「育ち方：卵⇒幼虫（⇒さなぎ）⇒成虫」や「頭・胸・腹・6本の脚」など，多様な昆虫の共通点を見いだすことも大切である。

　学問領域としては，現代生物学ではざっくりとではあるが，図7-2のように分子生物学・細胞生物学から生態学へ，ミクロからマクロへ「階層性」で分ける方法が一般的になってきた（高等学校以上）。しかし，小・中学校における生命領域はこの「階層性」によらず，以下の3つの系統から構成されている。

　①生物の構造と機能（身の回りの生物，人の体のつくりと運動・働き，植物の養分と水の通り道）

　②生命の連続性（植物の発芽・成長・結実，動物の誕生，季節と生物*）

　③生物と環境の関わり（生物と環境，季節と生物*）　＊②と③両方に含む

　例えば，解説理科編には，小・中学校における「生命」領域の内容構成に関する記載がある（表7-1）。この3つの系統から生命領域の各学問分野を挙げてみると，次のようになる。

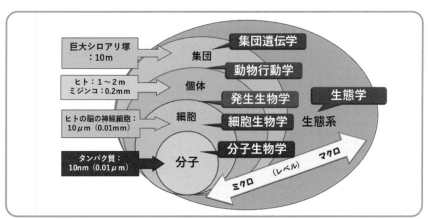

図7-2　現代生物学の階層性（他に遺伝学・生理学・進化学など）
※小・中学校で扱う光学顕微鏡では，分子レベルのタンパク質やDNAは観察できない。いわゆる「粒子」領域と「生命」領域の境界域である。
　1nm（ナノメートル）＝$10^{-3}\mu$m（マイクロメートル），1μm＝10^{-3}mm.

表 7-1　小学校・中学校の「生命」を柱とした領域の内容構成

（文部科学省，2018，p.24 をもとに筆者再構成）

	学　年	生物の構造と機能	生命の連続性	生物と環境の関わり
小学校	第 3 学年	・身の回りの生物		
	第 4 学年	・人の体のつくりと運動	・季節と生物	
	第 5 学年		・植物の発芽，成長，結実 ・動物の誕生	
	第 6 学年	・人の体のつくりと働き ・植物の養分と水の通り道		・生物と環境
中学校	第 1 学年	・生物の観察と分類の仕方 ・生物の体の共通点と相違点		
	第 2 学年	・生物と細胞 ・植物の体のつくりと働き ・動物の体のつくりと働き		
	第 3 学年		・生物の成長と殖え方 ・遺伝も規則性と遺伝子 ・生物の種類の多様性と進化	・生物と環境 ・自然環境の保全と科学技術の利用

①「生物の構造と機能」では，「構造」としての細胞・組織・器官・形態学
　など，「機能」としての代謝・生理・生化学などがある。

②「生命の連続性」では，発生・遺伝・進化学などがある。

③「生物の環境の関わり」では，生態・環境学などがある。

　だが，この 3 つの各系統を一括りにする学問分野はなく，しかも表 7-1 によ
る説明は解説理科編にもあるため，ここではなじみのある方法で解説する。つ
まり，小・中学校の生命領域は，先の図 7-1 のように「動物（人の体），植
物，その他の生物」で分ける形式に，表 7-1 の「生物と環境の関わり（生態
系）」を付加した構成と思われる。そこで，以下では「動物・人の体・植物・
生態系・その他の生物」の順に，上記の 3 系統についても加味しながら解説し
ていく。

第Ⅱ部
しっかりとした理解に基づく小学校理科指導のために

（2）動物（学）で扱う内容

　第3学年では「昆虫の成長と体のつくり」，第4学年では「動物の活動と季節」，第5学年では「動物の誕生（卵の中の成長）」について学習する。どちらも短いタイムスパンながら，昆虫やメダカの受精・発生・成長過程など時間的な経過の視点が含まれているのがポイントである。生物は世代を受け継いでいくという「生命の連続性」に関わる部分である。したがって，ぜひとも教室では昆虫の飼育などを行い，チョウの幼虫が羽化する場面を児童に見せたいものである（モンシロチョウはアブラナ科の植物に卵を産むので，それを採取し，キャベツを餌に育てるとよい）。ただし，39億年にわたり生物は遺伝情報を受け継ぎ，少しずつ変異を繰り返しながら多様な生物に至った過程は学習しない。

（3）人の体で扱う内容

　第4学年では「人の体のつくりと運動（骨と筋肉）」，第5学年では「人の誕生（母体内の成長）」，第6学年では「人の体のつくりと働き（呼吸・消化・吸収・血液循環など）」について学習する。これらの単元では，主に「生物の構造と機能」に関わる内容を学習する。特に，肺呼吸によるガス交換（酸素を取り入れ二酸化炭素を排出）は，血液によって運ばれた全身の細胞でも，細胞呼吸によるガス交換（酸素を取り入れ二酸化炭素を排出）が行われていること（小学校では「細胞」は学習しないが，生物の「共通性」にあたる），口から摂取した食物（でんぷん・たんぱく質などの主に有機養分）は胃や小腸で消化された後，やはり血液によって全身に運ばれ細胞に取り込まれること，全身の細胞で不要になった水や老廃物などは腎臓に運ばれて，尿として排出されること，以上のような呼吸・消化・排出などの働き（代謝など）によって，細胞内で有機養分と酸素が燃焼し，エネルギーを得て生命は維持されていることを知っておくとよい（図7-3）。運動時に呼吸の回数や心臓の拍動が増え，体温が上がるのはこのような生命活動（代謝）のためである。

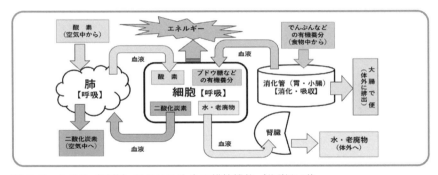

図7-3　人の体（動物）における生命の維持機能（代謝など）

（4）植物（学）で扱う内容

　第3学年では「植物の成長と体のつくり」，第4学年では「植物の成長と季節」，第5学年では「植物の発芽，成長及び結実（発芽と成長の条件など）」，第6学年では「植物の養分と水の通り道（でんぷんのでき方など）」について学習する。ここでも植物の発芽・成長や育ち方という「生命の連続性」に関わる時間的視点が含まれている。第5学年の種子の発芽では「水・空気・適当な温度」の3つの条件が必要なことを学ぶが，それを受けて第6学年のでんぷんのでき方（光合成）では，植物は昼間「二酸化炭素を吸収し，酸素を出している」ことを調べる実験を計画する。さらに，第5学年の植物の成長では「日光と肥料」が加わればより育ちやすくなることを学ぶが，その後第6学年では，植物の葉に日光が当たるとでんぷんがつくられることを調べる。いずれも「条件制御」に関わる対照実験であり，以上をまとめると表7-2のようになる。このように，第5学年と第6学年の植物の働きがつながるような授業展開が必要である。

　ここでのもう1つの留意点は，光合成に肥料は不要であることである（表7-2）。根から水と一緒に吸い上げられる液体肥料や土中の無機養分（窒素・リン酸・カリウム）と，葉でつくられる有機養分（でんぷんなど）とは異なる。しばしば，児童の保持する誤概念として，動物が口から食物（でんぷんなどの

第Ⅱ部
しっかりとした理解に基づく小学校理科指導のために

表7-2 植物の「発芽・成長・光合成」において必要となる条件
◎は必須，○はあればよし，×は不要，－は極端な高・低温は不可。

	水	空気	適当な温度	日光	肥料	その他，必要なもの
発 芽	◎	◎	◎	×	×	種子に含まれる養分。
成 長	◎	◎	◎	◎	○	
光合成	◎	◎ ※	－	◎	×	他に，葉緑体も必要。※必要なのは空気中の二酸化炭素。

有機養分）を摂取してエネルギーを得ているように（図7-3），植物は根から有機養分を摂取してエネルギーを得ているという誤解が見られるからである。堆肥や油かすなどの有機肥料もあるが，その成分を植物が直接根から吸収して活動しているのではない。有機肥料は土中の微生物（細菌類など）の働きをよくして，植物にとって好ましい土壌環境に改良しているのである。植物のエネルギー源は，あくまでも光合成によってつくりだされたでんぷんなどの有機養分である。ここでは，動物と植物の相違点・共通点などを児童に答えさせる場面も設定してほしい。

（5）生態（学）で扱う内容（持続可能な社会の構築の観点から）

第3学年では「身の回りの生物（身の回りの生物と環境の関わり）」，第4学年では「季節と生物」，第6学年では「生物と環境（生物と水・空気との関り，食べ物による生物の関係，水中の小さな生物，人と環境など）」について学習する。このうち第6学年では，「人は，環境と関わり，工夫して生活していること」，すなわち「人と環境」が新しく追加された。また，「水中の小さな生物」も第5学年からここに移行した（これについては後述する）。

「生態系」の単元で重要になる概念は「生態系の多様性」である。実は，生物多様性には，この他「種多様性」と「遺伝的多様性」を含めた3つの概念がある。3つの「生物多様性」の概念と，小学校生命領域において関連する単元をまとめると図7-4のようになる。

「種多様性」については，先の図7-1でも解説したように，簡単には現存種（認知数約150万種・推定3000万種）の多様さを示している。つまり，様々な生物種が生物群集に共存している状態で，多くの種が存在することを意味する。付け加えると，絶滅危惧種を含めた現存の「種多様性」を持続的に有効利用していこうとする理念がこの概念に込められている。

そして，「生態系の多様性」とは，その「（生物）種の多様性」に伴って，その周りにある水・空気・土壌・地形などの無機環境も含めた生態系にも多様さが存在するという意味で，その生態系も持続的に有効利用していこうとする理念が込められている。

一番理解しにくいのが3つめの「遺伝的多様性」であり，「遺伝子多様性」とも表現される。例えば，ヒト細胞核の染色体中にあるDNA（36億塩基対）上には，約2万個程度の「遺伝子」があると言われている。生物にはその遺伝子によって様々な形質（生物のもつ形や性質の特徴）が現れるのであるが，見た目の「種」だけでなく，肉眼では見えない「遺伝子」にも将来有用なものが存在する可能性があり，それを将来にわたって保存していこうとするのが，「遺伝的多様性」の理念である。

現在の地球環境も地球の歴史46億年のうち，およそ39億年前に生命が誕生

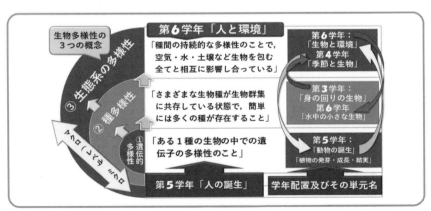

図7-4　生物の階層性に基づく生物多様性の概念と小学校生命領域との関連

（名倉・松本，2020をもとに筆者再構成）

第Ⅱ部
しっかりとした理解に基づく小学校理科指導のために

して以来，生物（特に人類）により地球環境が改変され続けているといえる。例えば，図 7-5 のように，地球上の酸素は光合成細菌（シアノバクテリア）という原核生物が作り出したもので，地球上にはほとんどなかった気体である。地球上の酸素 O_2 が現在量の 10 分の 1 に達したころ（推定で約 4 億年前の古生代シルル紀），地上から約 20km の成層圏では，O_2 が O_3（オゾン）に変換され，いわゆるオゾン層が形成された。このオゾン層が太陽から地球上に降り注いでいた強い紫外線の大部分をカットする効果を及ぼし，陸上は生物にとって安全な環境となった。それまでは海の方が生物にとっては楽園であり，古生代の海では節足動物の三葉虫が大繁栄していた（図 7-6）。古生代半ばには，すでにコケ類などの植物やクモ類（脚 4 対の節足動物）などの無脊椎動物も陸上進出を果たしていて，陸上環境も整っていた。その後，約 3.7 億年前に両生類などの，しっかりとした四肢をもった脊椎動物が陸上へ進出することになる。

先カンブリア時代	古 生 代						中 生 代			新 生 代		
	カンブリア紀	オルドビス紀	シルル紀	デボン紀	石炭紀	ペルム紀	三畳紀	ジュラ紀	白亜紀	古第三紀	新第三紀	第四紀
	5.41 ～ 4.85	4.85 ～ 4.43	4.43 ～ 4.19	4.19 ～ 3.58	3.58 ～ 2.98	2.98 ～ 2.52	2.52 ～ 2.01	2.01 ～ 1.45	1.45 ～ 0.66	0.66 ～ 0.23	0.23 ～ 0.026	0.026 ～ 現代
46　39　35	5.4	4.8	4.4	4.0	3.7	2.9	2.5	2.1	1.5	0.66	0.24	0.016
地球誕生 生命誕生 光合成 O_2 放出	脊椎動物出現	最初の魚類出現	陸上植物出現 クモ類など陸上動物 オゾン層形成	両生類出現	シダ植物出現 昆虫の繁栄	裸子植物繁栄 爬虫類に似た哺乳類出現	大絶滅 恐竜出現	大型恐竜繁栄 鳥類出現	被子植物繁栄 恐竜絶滅	哺乳類繁栄	類人猿出現	現生人類出現

図 7-5　地球上の生命 40 億年の歴史：図中の数字の単位は〔億年前〕
（西村・柴井，2019：500-501 をもとに筆者が再構成し，地質年代の区分における数値は「国際年代層序表（2021）」を用いた）

もちろん，過去に地球上に存在した生物種
も，地球環境の急激な変化に伴って，絶滅と
進化を繰り返してきた。例えば，今から約
6600万年前の中生代末期（白亜紀）には，
巨大恐竜が地球環境の急激な寒冷化のため絶
滅したといわれている（羽毛を持ち生き延び
た恐竜は鳥類に進化したという仮説もある）。

　さらに約1万年前に，人類は狩猟採取から
農耕牧畜への転換によって，自然環境をわず
かながらも改変しながら利用し，食料を確保
して生きていくすべを発見した。しかし，そ
の環境改変は今日の「里山（集落に隣接する

図7-6　三葉虫 Eoredlichia
の化石（古生代カンブリア紀）
（大阪市立自然史博物館にて筆
者撮影）

人の影響をわずかに受けた山林などの生態系)」に見られるように，人と自然
が調和しながら生きてきた時代が多く，自然環境や他の生物と共生しながら暮
らしてきたため，環境破壊とは見なされなかった。言い換えれば，我が国でも
江戸時代ごろまでは，環境改変を最小限に抑えた持続可能な開発（Sustainable
Development）を行ってきたといえる（岩槻，2002）。我が国では明治以後，
欧米では産業革命以後，急速に工業化を推し進め，環境改変を加速させ，豊か
な暮らしと引き換えに，今日の地球温暖化や大気汚染，オゾン層破壊，エネル
ギー問題などを引き起こしてきた。将来にわたり，次の世代に引き継げるよう
に，暮らしやすい環境を持続していくことが重要である。つまり，人は環境と
関わり，工夫して生活していくことが必要なのである。

　第6学年「生物と環境」において，過度の人的介入によって生態系が破壊さ
れることを児童に理解させるには，図7-7の「生態系のピラミッド」が最適で
ある。この学習によって，外来種の肉食動物（アライグマなど）が異なる生態
系に人的に放たれると，同様に生態系のバランスが崩れてゆくことが容易に想
像できる。地球環境問題は喫緊の課題であり，そのために「人と環境」の項目
が導入されたのであろう。

第Ⅱ部
しっかりとした理解に基づく小学校理科指導のために

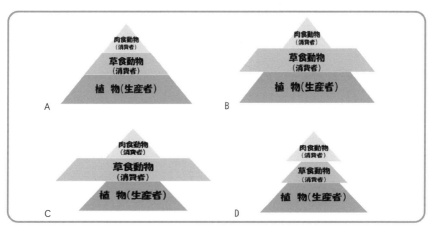

図7-7　生態系のピラミッド（Aが通常の安定した生態系モデル）

　図7-7のAが通常の安定した生態系のモデルとする。一番下位の植物は生産者で，光合成により有機養分をつくるため，生態系を下支えしている生物である。その恩恵を得ているのが中間の草食動物で，餌として植物を食べて生育している。さらに，その上位の肉食動物が草食動物を餌にして，生育することができる。

　ここで，例えば人がある草食動物を保護して，数を増やそうと保護したとする（図7-7のB）。

　草食動物はどんどん増えるが，餌として食べている草などの植物はそれに伴って，逆にどんどん減少していくことになる（図7-7のC）。

　すると，保護した筈の草食動物は餌とする草がなくなってしまい，食料が不足することになる。

　結局は増やそうと保護した草食動物の数を減らしてしまうことになる（図7-7のD）。

　その結果，減少した草食動物のあおりを受け，より上位の肉食動物も減少しまうことになる。この変化量がわずかであれば，時間と共に植物も再生し，全体量は元のAの状態の戻ろうとする。しかし，大きくバランスを崩してしまうと，元の状態には戻れず，生態系は破壊されてしまう。

② 第6学年「水中の小さな生物」の観察

（1）その他の生物で扱う内容

先の動物・植物以外の生物で扱う内容は，第6学年「生物と環境」に移行した「水中の小さな生物」の観察である。従来，この観察は第5学年「動物の誕生」に含まれ，水中にすむメダカの餌として取り扱われていた内容である。池や川のメダカは餌を与えなくても育っているのは，水中の小さな生物を食べていることに気付かせることがねらいであった。この内容は，今までは中学校第1学年でも扱われていたが，2017年版中学校学習指導要領から削減されたため，今後は小学校第6学年でのみ扱われることになった。

このため，以下の2点が指導上のポイントになる。

① 池や川などの水中を1つの生態系として捉える。

② 顕微鏡観察によって水中の小さな生物の世界を理解する。

これらの2点も絡めながら，知っておくべきことについて，以下に解説する。

（2）光学顕微鏡で見える「水中の小さな生物」の世界

小学校では光学顕微鏡や双眼実態顕微鏡を扱うことになるが，小・中学校で扱われる光学顕微鏡（40〜600倍程度）で見える範囲は，図7-8のスケールの7〜200μm（マイクロメートル）レベルである（ヒトの赤血球〜ゾウリムシなど）。細胞もこのμmレベルの大きさに含まれるものが多い。ただし，砂糖を水に溶かすと，細胞より約1000分の1も小さい1nm（ナノメートル）程度の分子になり目に見えなくなる。この分子レベル（1nm=100万分の1mm）と，生物の細胞（1μm=1000分の1mm）が同レベルであると誤解する児童もいる。「粒子」領域の原子・分子は電子顕微鏡でしか見えない世界である（図7-2・図7-8）。生物に含むか，無生物に含むか論争中のウィルスも，ナノスケールである。

また，この学習で取り扱う「水中の小さな生物」には，図7-1の原生生物

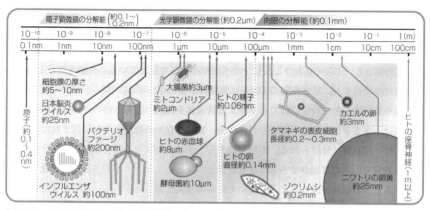

図 7-8　電子顕微鏡・光学顕微鏡・肉眼で観察できる範囲

（出典：啓林館，2017 年度用『生物基礎』）

※分解能とは，近接した 2 点を区別することができる最小の間隔。
1 n m（ナノメートル）＝ 10^{-3} μ m ＝ 10^{-6} mm ＝ 10^{-9} m
1 μ m（マイクロメートル）＝ 10^{-3} mm ＝ 10^{-6} m

（ゾウリムシやミドリムシ）など多くの微生物が含まれているが，微生物でないものも教科書には掲載されている。例えば，ミジンコは大きさ 0.2 ～ 1mm 程度で肉眼でも見えるため（図 7-9），見つけやすいが，エビやカニのなかまである甲殻類に分類される。ツボワムシ（200 μ m）も同様に輪形動物である。アオミドロやボルボックスも，多細胞化するため通常は緑色植物に含めている。ミドリムシはその名の通り緑色で葉緑体を持ち，植物のように光合成が可能であるが，同時にべん毛をもち動物のように運動もできる。このミドリムシのように，動物界・植物界・菌界・細菌・古細菌にも分類できない生物を「原生生物」としていることが多い（図 7-1）。

（3）「水中の小さな生物」の顕微鏡観察における留意点

まず開放前の学校のプールや池のへりなどに付いている藻を水ごと採取する。観察時にはスポイドで藻と一緒に吸い込み，スライドガラスの中央に滴下し，カバーガラスをかける。はみ出した水はろ紙で吸い取る。藻のある部分を視野の中央に持っていき，低倍率（対物レンズ 4 ×接眼レンズ 10 倍程度）で

ピントを合わせ，藻の陰で潜んでいる動くものを探す。適宜レボルバーを回して高倍率の対物レンズ（×10・×40）に切り換え，微調節すれば焦点が合う。プレパラートを何度も替える児童がいるが，1つをじっくり探す方が，素早く動く原生生物を見つけることができる。児童は見つけた生物の名前を知りたがるが，スマホでも顕微鏡撮影できるので，記録しておき，あとで博物館などに持ち込めば同定してもらえる。しかし，「水中の小さ

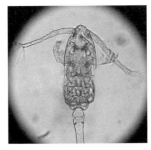

図7-9　ケンミジンコの1種
（対物レンズ10×接眼レンズ10＝100倍にして筆者がスマホで撮影）

な生物」のねらいは，淡水中という1つの生態系の中でも，多様で微小な生物が数多く存在し，それらが相互に関連し合って生息していることを児童に気付かせることである。水中の生態系を保つにはどのような配慮が必要か，などの課題設定も可能である。

③ おわりに

　生命領域は児童が親しみやすく，教師自身も取り組ませやすい。しかも，児童の興味が尽きないものが多く，生命の不思議さに魅了され，自然を愛する心情も育みやすい。しかし，生物学はもともと多岐にわたり理論的にも例外が多く，物理学の理論のように系統立っていない。さらに現代生物学の情報は複雑化し，分類1つをとっても，未だに決着がついていない。生命領域はとっつきやすい反面，環境問題と同様に多面的であり，追究するほど正解が1つにならないことが多いが，そこが魅力でもあり，興味深く学びを重ねていくことができるだろう。

第Ⅱ部
しっかりとした理解に基づく小学校理科指導のために

引用・参考文献

岩槻邦男（2002）：生命系‐生物多様性の新しい考え，岩波書店

文部科学省（2018）：小学校学習指導要領（平成29年告示）解説理科編，東洋館出版社

名倉昌巳・松本伸示（2020）：中学校3年「環境と生物」における「生態系の多様性」と「生物進化」を結ぶ単元開発，理科教育学研究，60（3），pp.603-613.

パディラ・ミアオーリス・シュール（監修）西村徹（日本語版監修）・柴井博四郎（監訳）（2019）：カラー生物・生命科学大図鑑，西村書店

学習の課題

1. 木とライオンは違った姿かたちをしているが，両方とも生きものに仲間分けされ，いくつかの特徴は同じである。例えば，両方とも生きてゆくために水が必要である。他の共通点を多数挙げてみよう（TIMSS2015調査を改題）。

2. 見つけた水中の小さな生物のつくりや働きを比較しながら，動物性プランクトン（分類上の動物界とは限らない）と，植物性プランクトン（分類上の植物界とは限らない）に分けてみよう。また，動物と植物の共通点と相違点もいくつか挙げてみよう。

【さらに学びたい人のための図書】

塚田昭一・八嶋真理子・田村正弘編著（2017）：平成29年版 小学校新学習指導要領の展開 理科編，明治図書出版
⇒初学者にも分かりやすく，小学校理科の改訂の趣旨・目標及び内容のポイントと，各学年各単元での具体的な指導例について解説されている。

パディラ・ミアオーリス・シュール（監修）西村徹（日本語版監修）・柴井博四郎（監訳）（2019）：カラー生物・生命科学大図鑑，西村書店
⇒米国の中学校生物教科書の日本語版。中学生向きなので解説は極めてやさしいが，内容はウィルスから免疫系まで載っていて，読み物としても面白い。

（名倉昌巳）

地球領域で知っておくとよい概念

1 地球領域の特性と系統性

まずは，以下の対話における疑問について考えてみよう。

> A：この前，砂場で砂山をつくってトンネルをほったよ。そういえば①<u>砂ってどこでどうやってできるんだろう？</u>
>
> B：それは山でできた大きな石ころがころころころころと川で流されていくうちに周りが削られてだんだん小さくなって砂になったんじゃないの（図8-1）。
>
> A：ふーん，そういえば川の上流には大きな石が転がっていて下流では大きい石を見かけないけど，同じような感じで削れたんだろうか。
>
> B：やっぱり山でできた石が川で流されて転がっていくうちに摩耗されてだんだん小さくなっていくんじゃないの。
>
> C：へぇー，じゃあ②<u>川の上流には砂はないんだね。ちっちゃい石もないか。</u>

図 8-1　大きな石が転がりながら削られていき小さくなっていくイメージ

下線部①の疑問に対する答え：砂は山で風化することによってできる。

図8-2を見てほしい。山間部に行くと，このような場所を多く見かけることだろう。風化して岩石がぼろぼろになっていき，大きな礫や小さな礫，砂や粘土といったいわゆる土砂になっていく。風化の詳細については触れないが，気温差や化学的作用のほか，生命活動においても（地衣類やコケ類，植物なども）風化が進み，やがて土が形成されていく。そして，木々の根などが入り込んだりして風化が進み，大雨などを引き金として，土砂崩れや土石流などにより大量の土砂が河川などの平坦部分へと供給されていく。

下線部②の疑問に対する答え：川の上流には大きい石も小さい石も砂も存在している。

　図8-3の写真は川の上流部を撮影したものである。大きな石もあれば中くらいの石，小さな石と多様な大きさの石を見ることができる。これらの石（礫）の間を埋めているのは大量の砂である。すなわち，上流にも小さい石もあれば

図8-2　山間部において風化が進んだ岩石表面と砂形成の様子

図8-3　山間部を流れる川の様子

【コラム】科学用語と日常用語を区別しよう
●土や土砂，石，岩といった用語は日常用語であり，文脈依存の用語として用いられている。
　話の流れや個人の経験等によって，その解釈が変化し，厳密な解釈・共通理解のもとで用いられる科学用語としては定義できていない。土とは，一般的に未固結の岩石風化物で，粘土を主体とするものとされている。土砂とは，一般的に上記の土を主体として，砂粒子や小石からやや大きめの石を含むイメージだろう。
●科学用語としての，礫，砂，泥，シルト，粘土には，地質学における定義を用いることが可能である。
　礫・砂・泥は2のべき乗数（2^n）で区分されており，礫は2mm以上の粒子，砂は1/16～2mmの粒子，泥は1/16mm以下の粒子。泥はさらにシルトと粘土に分けられ，シルトは1/16～1/256mm，粘土は1/256mm以下の粒子とされている。

礫 2mm以上の 粒子	砂 2mm～0.063mmの 粒子	泥　0.063mm以下の粒子	
		シルト 0.063～0.004mmの 粒子	粘土 0.004mm以下の 粒子
2mm		1/16mm	1/256mm

砂も存在している。上流にも下流にも小さい石や砂が存在するというのは，どういうことだろうか。これについては，次節以降で明らかにしていく。

（1）地球領域の特性とねらい

　地球領域は生活に身近な内容を扱っている。もはや天気予報は欠かせないし，日本列島では台風や洪水，氾濫による風水害が毎年どこかで起こり，地震や火山の発生も多くあり被害が出る場合もある。空を見上げれば太陽や月，星があり，月食や日食，流星群なども話題に上る。児童にとっては日常生活や社会との関連が一番想像しやすい領域なのではないだろうか。

　地球領域は宇宙の創成から現在の地球に至る内容を取り扱っている。地球領域では，「時間的・空間的」な見方を主な視点として学習を進めていく。時間軸で見てみると，宇宙誕生の138億年前から，地球誕生の46億年前，生命誕生と進化を経て現在までを扱っている。空間的な広がりという視点では，見ることのできない地球の内部，水の循環，大気の循環，川の流れなどを扱っている。学問領域では，地質学で扱う内容である地震や火山，地層，岩石，風化・侵食・運搬・堆積などの地質現象がある。天文学で扱う内容である日周運動，年周運動，月の満ち欠け，太陽系，恒星などの天文現象がある。気象学で扱う内容である天気の移り変わり，四季の特徴的な天気，高気圧・低気圧や前線，台風などの気象現象がある。

表 8-1　小学校・中学校理科の「地球」を柱とした内容の構成

（文部科学省，2018，p.25 をもとに筆者再構成）

		地球の内部と地表面の変動	地球の大気と水の循環	地球と天体の運動
小学校	第3学年	太陽と地面の様子		
	第4学年	雨水の行方と地面の様子	天気の様子	月と星
	第5学年	流れる水の働きと土地の変化	天気の変化	
	第6学年	土地のつくりと変化		月と太陽
中学校	第1学年	大地の成り立ちと変化		
	第2学年		気象とその変化	
	第3学年			地球と宇宙

第Ⅱ部
しっかりとした理解に基づく小学校理科指導のために

2017年版学習指導要領ではこれらの学問領域と対応した内容として、「地球の内部と地表面の変動」（地質学）、「地球の大気と水の循環」（気象学）、「地球と天体の運動」（天文学）が設定されている（表8-1）。

（2）指導者の苦手意識

地球領域の内容について苦手意識があり、指導に自信のもてない教師も多い。理由として2点考えられる。1点目は地球領域の学習指導において指導者側にも地球領域特有の「時間的・空間的」な視点が確立されていないという点である。

地球領域における時間スケールは、人のおよその生涯（約100年としても）と比べて圧倒的に長大であり、スケールが異なる。富士山の場合10〜20万年前に活動が始まり、10万年前からその活動が本格化し、現在も火山

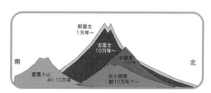

図8-4　富士山の地下構造の断面の概略
（出典：東京大学地震研究所HP，筆者修正）

活動が続いている（図8-4）。その間の200年、300年程度の噴火の合間は、富士山の噴火活動からするとほんの少しの期間にすぎない。また、大地の変動では100万年かけて1000m動くとしても10年では1cm程度となる。

2点目は観察や実験が困難であったり、再現性が確実でなかったりするという点である。よく聞かれるのが、「S字の川を想定して水を流すが、なかなか想定通りの結果にならない」というものである。自然における様々な変化はその要因が多くあり、多様な自然現象を示す。そのため教科書通りの理想的な結果にならないことが通常であると捉えておくとよい。

本章では、主に「地球の内部と地表面の変動」に関する内容を取り上げていく。「地球と天体の運動」に関する内容は第12章で詳しく扱う。

第5学年「流れる水の働きと土地の変化」

（1）川の上流・下流と川原の石

　本章冒頭の対話における②の疑問に関連し，川の上流と下流の石の様子について詳しく見ていこう（表8-2）。

表8-2　川の上流と下流の特徴

	ロケーション				侵食・運搬・堆積作用		石（礫）の大きさや形	
	場所	土地の傾き	川幅	特徴	流速	作用	大きさ	形
上流	山間部	大きい	狭い	谷をつくる（下方侵食）	速い	侵食作用が主	大きいものが目立つ	角は少し丸みを帯びているものの角張った感じが残っている
下流	平野部	小さい	広い	蛇行する（側方侵食）	遅い	堆積作用が主	小さいものが多い	丸みを帯びた形になており丸い感じになっている

　河原にある石の粒径が下流方向へ行くにしたがって小さく細かくなっていくことはよく知られた事実であるが，その成因については議論の余地があり，多くの要因が関わっている。中でも次の2つが対立要因として挙げられる（山本，1994，p.115）（図8-5）。

　（a）流送砂礫の破砕・摩耗作用（破砕・磨耗説）

　（b）流水による砂礫の選択運搬作
　　　用（選択運搬説）

　山本（1994）は，一級河川クラスの沖積河道[1]では，破砕・摩耗作用が河床堆積物の粒径の下流方向への変化に占める影響の割合は小さく（大きくても10％以下），小礫より細粒の堆積物については，粒子同士のぶつかり合いによる衝撃が小さく，破

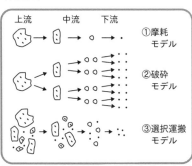

図8-5　河床堆積物の下流方向にかけて細粒化していく要因のモデル

第Ⅱ部
しっかりとした理解に基づく小学校理科指導のために

砕・摩耗作用による粒径変化はほとんどないとしている。つまり，日本の河川において，上流から下流に向かって礫が細粒化するのは，流水による砂礫の選択運搬作用による原因が大きく，流送砂礫の破砕・摩耗作用や風化作用による粒径変化はほとんどないとしている。

小学校の教科書には，礫の下流方向にかけての細粒化の現象面の記載は各社なされているが[2]，成因については明確に示されているわけではない。2020年発行の教科書を概観したところ，破砕・摩耗説と選択運搬説の両方を取り上げている教科書もあれば，破

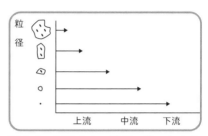

図8-6　下流方向へ粒径の違いによる選択的運搬のモデル

砕・摩耗説のみの教科書もある。破砕・摩耗説と選択運搬説のいずれも取り上げず，事実のみの記述にとどまっている教科書もある。このように，(a)・(b)説の取り扱い方が教科書によって異なっているのが現状である。

日本の河川においては選択運搬作用が要因として大きいと考えられている（図8-5の③のモデルや図8-6）が，現状では，指導者である教師や学習者に選択運搬作用があまり認識されていないと推察される。選択運搬作用の重要性を捉えた指導を行っていく必要があるといえる。

（2）流れる水の働き

①河川の3つの作用

流れる水の働きには侵食，運搬，堆積の3つの作用がある。どの程度の流速

1　沖積河道とは沖積層を流れる川のことであり，主に扇状地から谷底平野，自然堤防帯，デルタ（三角州）までを含む区間である。山間地を流れる渓流区間や山地河道区間は沖積河道には含まれない。なお沖積層とは，現在（約18000年前より新しい時代）の河川や海の働き（堆積作用）により形成された地層，すなわち最も新しい地層のこと。主に固まっていない泥，砂，石などからなり，低地（沖積平野）を形成している。（国土交通省，地震調査研究推進本部，地質調査総合センターを参考）。
2　例えば「川の上流では角ばった大きい石がよく見られ，川の下流では丸い小さい石がよく見られます」というような表記。

で，どれくらいの大きさの粒径のものが，どの作用の影響を受けるのかはユールストローム図で説明されている（図8-7）。例えば0.4mm程度の同じ粒径の砂粒子であれば，Y点での流速64cm/sで動き（運搬され）始め，X点での流速4cm/sで堆積し始める。では，Z点の礫（粒径16mm）は何を意味しているのか。これは流速32cm/sで堆積することを示しており，この流速では砂などは堆積しない。すなわち，粒径の大きなものは少し流速が小さくなるだけで，すぐ

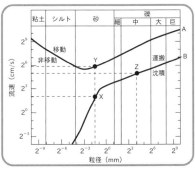

図8-7　ユールストローム図

(廣木2018より引用)

　線Aは徐々に流速を大きくしていった時に静止している粒子が運搬され始める流速を示す。線Bは徐々に流速を小さくしていった時に動いている粒子が堆積し始める流速を示す。

に堆積してしまうということである。中流域で蛇行している河川の内側は，流速が外側よりも遅くなりがちで，礫などがたまりやすい。そのため，川原ができていく。カーブの外側は（一概にはいえないが），流速が内側よりも速いため，ここまで運ばれてきた粒子は，流速の遅い内側に入り込むことで堆積していく。

　侵食作用[3]に関して，山間地や河床勾配の大きいところでは下方侵食が起こり，平野部においては（沖積河道では）側方侵食が起こる。

　運搬作用は，流速の6乗に比例して極端に大きくなる。洪水時には流速が大きくなるため大量の砕屑物や粒径の大きな砕屑物を運搬することができるようになる。河川の運搬作用（図8-8）に関しては，川底を転がったり（転動）滑り動いたり（滑動）するような運ばれ方や川底にあたって飛び跳ねるような運ばれ方（跳動），水に浮かびながら流水と共に動くような運ばれ方（浮流）な

3　河川の上流は川幅が狭く河床勾配が大きく急流で侵食力が強く，川底に対する侵食力が大きく，流水は谷を深く削るように働く。このような働きを下方侵食と呼ぶ。河川の中流や下流では上流よりも川幅が広くなり河床勾配が緩くなり，下方侵食よりも川岸を侵食する側方侵食が強くなり，川の流れが蛇行するようになる。

どによって運ばれていく。河川が洪水時に濁流となっているのは細かい砂やシルト，粘土などを浮遊させて運搬している状態である。

　堆積作用は，流速が小さくなることによって起こる（図8-7）。また河川の流速が急に変わる山間部から平野部へ出る

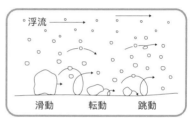

**図 8-8　粒子の大きさによる運搬
方法の違いのイメージ**

ところでは扇状地を形成し，河口付近では三角州を形成するなど，これらの地域は特に堆積作用が強く働く。洪水時には中流や下流域では氾濫[4]を繰り返し，河床や川の周辺に土砂を堆積して（自然堤防や後背湿地を形成し）平野を形作っていく。

②流れる水の働きの実験

　教科書には土の斜面に水を流して，流れる水の働きを調べる実験が提案されている。例えば，校内にある築山を利用したり，実験室内でバット等に土を入

4　洪水と氾濫の違い：気象庁では洪水を「河川の水位や流量が異常に増大することにより，平常の河道から河川敷内に水があふれること，及び，堤防等から河川敷の外側に水があふれること」とし両方の意味を有して用いている。しかし，通常前者のように台風や前線の活動などで流域に大雨が降ることで，普段と異なる水量が流れているような現象を洪水，後者のような現象を氾濫としている。

れ川の流れのモデル（流路を少し曲げ
たりして）を作成したりして，実験す
ることが提案されている。この実験が，
教師の想定通りの結果にならない要因
の1つが河川の角度（河床勾配）の設
定であり，もう1つは流量の制御であ
る。

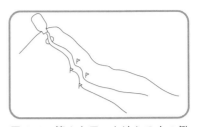

**図8-9　築山を用いた流れる水の働
き実験の例**
※目印の旗は勾配の緩くなったところ
　に設置するとよい

　前項で見てきたように，河床勾配が
急だと下方侵食が起こりやすくなる。
築山の勾配の緩くなったところにS字のモデルを作るようにするとよい（図
8-9）。また，勾配のなくなったと思われる場所における堆積状況も観察させる
とよい。全体として教科書通りの結果になっていないと思っていても，上流付
近では下方侵食の跡が見られたり，S字のカーブとカーブの間では，流れの緩
いところでの堆積物とやや速いところでの堆積物の粒径の大きさに違いが見ら
れたりする。また，最後の部分では細かい粒子の堆積が見られ，実はきちんと
した結果が得られているものである。

　実験室内でバットなどに砂を入れた実験では，勾配をきつくしすぎないこ
と，流路をできる限り長く取ることをすすめる。水を流し始めるところはどう
しても侵食されてしまうため，硬いものを用意するなどの下準備をしておくの
もよい。また，流量を「条件制御」しようとしてもあまりうまくいかないもの
である。この実験ではあまり厳密な「条件制御」を成功させようとせず，流量
の多い・少ない程度の定性的な実験となっても十分であると認識し，河川の3
作用といった子どもたちに確実に捉えさせたい学習内容を，教師として留意し
ておくことで十分である。

（1）地層のでき方と岩石

解説理科編の内容の取り扱いでは，アの（イ）について次のように示されている（文部科学省，2018，p.91）。

> 　地層は，流れる水の働きや火山の噴火によってできることを捉えるようにする。その際，地層の中に含まれる丸みを帯びた礫や砂などから，流れる水の働きによってつくられた地層であることを捉えるようにする。また，流れる水の働きでできた岩石として礫岩，砂岩，泥岩を扱うこととする。一方，火山灰や多くの穴をもつ石が地層の中に含まれていることなどから，火山の噴火によってつくられた地層もあることを捉えるようにする。

これらを踏まえ，小学校理科の教科書では，地層は礫，砂，泥，火山灰などからなる層が重なったものと定義されている。教科書や授業実践報告においては，様々な内容が提案されてきている。その手法についての留意点を以下に述べていく。

①地層形成実験の留意点

まず地層を形成する流れにも大きく分けて通常流と堆積物重力流[5]の2つのタイプがあることを知ってもらいたい（図8-10）。

小学校では通常流における地層形成を扱うことになっており，この内容に見合った実験を実施していく必要がある。中でも大きな誤解があるのは，図8-11のようにペットボトルなどに礫，砂，泥と水を入れて振るといった実験である。この装置の中には流れる水は存在せず，分級作用によって形成される（級化層理[6]の）地層が見られるだけである。では，教科書等で取り上げられ

---

[5] 通常流は言わば川のような流れである。その流れにより，礫・砂・泥などの砕屑粒子が引きずられるなどして移動・運搬される。堆積物重力流は，土砂の塊が重力の作用により，それ自身の重みで移動を開始し，斜面を流れ下るような流れである。陸棚斜面や湖斜面で発生するタービダイト流，河川が山地から平野や盆地に流れ出るところに形成される扇状地や山間部などで発生する土石流などがある（廣木，2019を参考）。

ている実験のどれを行うと
よいのだろうか。現状で
は，通常流における実験と
して適しているものは提示
されていないという指摘が
ある（廣木，2019）。小学
校段階における通常流での
地層形成実験の提案が待た

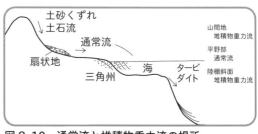

図 8-10　通常流と堆積物重力流の場所
　山間地で起こる扇状地を形成するような土石流，海
底でおこるタービダイトは堆積物重力流

れるところではあるが，雨樋と水槽と傾斜
板を用いる実験が次善としてよいだろう。
この実験においては水中の傾斜板の下部か
ら水槽の底にかけて地層が形成されるので
あるが，堆積物重力流による分級作用が働
いていることを認識してほしい。

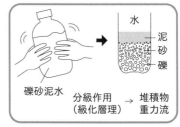

**図 8-11　分級作用の（級化層理
を形成する）実験**

②未固結の地層と岩石の違い

　図 8-12 を見てほしい。この図における
間違いは，砂岩，泥岩といった固結した「岩石」の地層に「火山灰」という未
固結の層が示されている点である。地質学
では，堆積物が固結したものを「岩石」と
呼んでいる。堆積岩では固結するには数
百万年以上かかるとされている。図 8-12 を
正しく書き直すとすると，砂岩，泥岩を砂
の層，泥の層と表記するか，あるいは火山
灰を凝灰岩と表記すべきである。

　2017 年版学習指導要領に示されているよ

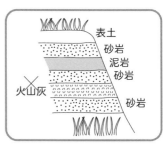

**図 8-12　露頭の説明の図
（誤りを含む例）**

6　級化層理とは水中で粒子が堆積していくときに，粒径の大きい礫，砂から沈み，粒径の
小さい泥は遅れて沈むため（上方細粒化），地層中の堆積物の粒度が異なる層が形成されて
できた構造のこと。

第 II 部
しっかりとした理解に基づく小学校理科指導のために

うに，小学校理科では，堆積岩である礫岩，砂岩，泥岩を扱うこととなっている。その際には，礫層，砂層，泥層と

表8-3　堆積物（砕屑物）と岩石（礫岩，砂岩，泥岩）の粒径による分類　（筆者作成）

固まっていない（未固結）	砕屑物	礫	砂	泥	
	堆積物			シルト	粘土
粒径		2mm	1/16mm		
固まっている	岩石名	礫岩	砂岩	泥岩	

いった未固結の地層と，礫岩，砂岩，泥岩といった固結した地層との違いを認識した上で指導にあたるようにしてほしい（表8-3）。

③広域火山灰

　図8-13の始良（あいら）AT火山灰に注目してほしい。始良カルデラを形成した火山が約2.2万年前に噴火した際の火山灰の堆積は，福井県嶺南地方から琵琶湖，愛知県から御前崎付近にかけて20cmとなっている。東北地方でも5cmとなっており，大量の噴出物を出していることが分かる。また，阿蘇の火山灰は北海道北部において15cmもある。このように噴火した場所から遠く離れて広域に分布している火山灰を広域火山灰（広域テフラ）と言い，地層の対比に役立ち，日本列島全体の地層年代を決定する重要な鍵層になっている。

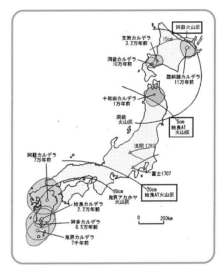

図8-13　日本における巨大火砕流噴火とカルデラ，火山灰の分布図
（出典：防災科学技術研究所自然災害情報室HP，筆者加筆）
※濃い円は火砕流到達範囲を示している

　火山灰も地層を形作るものであるが，広域に分布しているものもあり，火山灰の地層があるからといって，「近くで火山活動があった」とすぐには断定できないことも留意してほしい。

（2）大地の変化

　例えば，兵庫県神戸市の北にある六甲山には，図 8-14 の現在の北山（標高250m 程度）に海成層がある。だからといって 100 万年前の海水面が今より250m 高かったわけではなく，少なくとも 250m 隆起していったと考えられる。実はそれ以上に，図にある 3 つの活断層の活動によって六甲山（標高 931m）が隆起していったと考えられている。簡単に計算してみよう。100 万年で 1000m

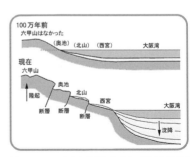

図 8-14　六甲山地東側の階段地形と断層及び海成層の分布
（出典：神戸市教育委員会 HP「神戸の大地のなりたちと自然の歴史」）

隆起したとすると，1000 年で 1m 隆起したことになる。これは年に 1mm 隆起しているわけではなく，時に 50cm 隆起するような地震（推定で約 500 年に 1回程度）や 1m 隆起するような地震（同約 1000 年に 1 回程度；兵庫県南部地震では地震の前後で六甲山は約 12cm，淡路島は 1m 高くなったことが分かっている）を繰り返してきたと考えられる。小学校での地震や火山活動の学習ではどうしても災害に目が行きがちであるが，このような大地を変化させるような長大な時間をかけた活動を通して，現在我々が目にしている姿を形成してきているのである。そして，いつまでも大地は現在の姿を保っているわけではなく，日々変化していき，将来には大きくその姿を変えるのである。その将来という時間スケールが，我々の寿命をもとにしたものとは異なる長大なものであることを，授業を通して子どもたちに認識させていきたいものである。

附記　本章の内容は JSPS 科研費 21K02505 の助成を受けている。

引用・参考文献

廣木義久・山崎　聡・平田豊誠（2011）：砂の形成に関する小・中・大学生の理解と風化の学習における問題点，理科教育学研究，52（1），pp.47-56.

廣木義久（2018）：ユールストロームダイアグラム―流水による砕屑物からなる地層の形成の理解―，地学教育，71（3），pp.97-107

廣木義久（2019）：小学校の地層形成実験における問題点，地学教育，71（4），pp.117-128

文部科学省（2018）：小学校学習指導要領（平成29年告示）解説理科編，東洋館出版社.

山本晃一（1994）：沖積河川学，山海堂

学習の課題

1. 地元近くを流れる川の上流（できれば最上流）から下流に至るまで実際に自分でたどってみよう。そして，実際に写真などにおさめて教材としよう。
2. 地域や地元の地質の成り立ちなどを調べよう。地域の施設のボーリングデータなどを入手し，地域の地質を調べてみよう。

【さらに学びたい人のための図書】

藤岡換太郎（2014）：川はどうしてできるのか–地形のミステリーツアーにようこそ，講談社（ブルーバックス）
　⇒川を中心に地形のでき方から移り変わりまで分かりやすく解説してある。

高橋直樹・大木淳一（2015）：石ころ博士入門（全農教・観察と発見シリーズ），全国農村教育協会
　⇒石ころの面白さ，観察方法を多くの写真と共に分かりやすく解説してある。多様な岩石の姿や特性そして名称を楽しんでほしい。

平朝彦・国立研究開発法人海洋研究開発機構（2020）：カラー図解 地球科学入門 地球の観察――地質・地形・地球史を読み解く
　⇒プレートテクトニクス，日本誕生，付加体，堆積構造のメカニズムを詳細に解説している。別冊用語解説も付録。各トピックに埋め込まれているQRコードから動画（約200本）や資料に直接アクセスでき，より理解を深められる優れもの。

（平田豊誠）

エネルギー領域「音」を題材にした科学的問題解決

CHAPTER 9

　本章では，2017年版小学校学習指導要領より新規項目として追加された「音」を取り上げる。実際にワークを行いながら，エネルギー領域における科学的問題解決の具体例を示す。このことにより，音あるいはエネルギーに対する見方・考え方を理解・実感してもらいたい。

1 学習指導要領における「音」の位置付け

(1) 小学校理科での「音」の復活

　小学校理科で音について学んだ読者は，執筆時点では少数派だと思われる。2017年版小学校学習指導要領において，第3学年「音の伝わり方と大小」が「追加した内容」であると書かれている（文部科学省，2018：p.10）。1つ前の2008年版と2つ前の1998年版では，音は扱われていなかったのである。

　一方，1989年版（すなわち3つ前）に遡ると，第3学年にて「…音を出したりして，その性質を調べることができるようにする」とある。すなわち2017年版で，音の内容が20年ぶりに復活したのだ。これは注目に値する変更点であろう。音は小学生にとって極めて身近であり，理科の見方・考え方を育む題材として適していると考えられる。

　よって本章では，エネルギー領域における指導の具体例として，音を取り扱ってみたい。しかしまずは，読者の皆さんが音と関わり，認識を深める機会を提供した上で，科学的問題解決の過程を整理し，授業提案につなげたいと思う。

(2) 学習指導要領における「音」の位置付け

　2017年版学習指導要領において，音は小学校第3学年と中学校第1学年で扱う。小学校第3学年では「光と音の性質」，中学校第1学年では「光と音」

表 9-1　エネルギー分野における音の位置付け

（文部科学省，2018：22 をもとに筆者再構成）

校種	学年	エネルギーの捉え方			エネルギーの変換と保存		エネルギー資源の有効活用
小学校	3年	風とゴムの力の働き	光と音の性質	磁石の性質	電気の通り道		
	4年			電流の働き			
	5年	振り子の運動					
	6年	てこの規則性					
中学校	1年	力の働き	光と音				
	2年	電流					
		電流と磁界					
	3年	力のつり合いと合成・分解					自然環境の保全と科学技術の利用
		運動の規則性			エネルギーと物質		
		力学的エネルギー					

の単元で取り扱うものとされている（表 9-1）。音を扱うのは，中学校まででであればこの 2 回だけであるため，義務教育段階で学習する機会は限られている。

　エネルギー領域において，音は「エネルギーの捉え方」に関わる内容として整理されている。エネルギーは，運動エネルギー・位置エネルギー・熱エネルギー……等，様々な形をとって移り変わっていく。音や光といった波もエネルギーをもち，エネルギーを伝える働きをもつ（音エネルギー・光エネルギー）。小学生がエネルギーを認識しうる現象として，音は魅力的な題材である。

2　音とは何か

　ところで，そもそも「音」とはどのような現象なのだろうか（図 9-1）。この質問を，理科の教員養成系大学への入学を志望する高校生に尋ねたところ，以下のような答えが返ってきた。読者の皆さんの認識と比較してもらいたい。

図 9-1　「音」とはなにか

●「波」「空気などの媒体を伝わる波」

最も多かった回答が「波」であった。音とは波であると理解されているようだ。特に空気を伝わっていく波であると，多くの生徒が認識していた。

●「空気の振動」

「波」に次いで多く挙がった回答である。物体を振動させることで空気が振動する。それが伝わっていく現象が音である。

●「日常的に聞いているもの」「耳の適刺激」

ヒトが自覚する感覚としての回答である。物理現象としての音は空気の振動が伝わる波であるが，我々は耳でそれを知覚し，聴覚によって音を認識する。

（1）音は空気を伝わる振動

以上の回答を統合すると，**「音とは，振動が空気を波として伝わる現象」**であると整理できる（図9-2）。「波」に注目した上で，もう少し厳密に述べるなら，音とは主に空気を伝わる疎密波（縦波とも呼ばれる，波が進行する方向に媒質が押し引きされて生じる波）である。また我々が日常で感受している音は，空気のような気体を伝

図9-2 音は空気を伝わる振動の波である

わる疎密波だが，液体や固体も振動し，音を伝えることができる（ただし例外もある[1]）。

小学校の教科書では音について，**「ものから音がでるとき，ものはふるえている」「ふるえを止めると，音は止まる」「大きい音はふるえが大きい」「音がつたわるとき，音をつたえているものはふるえている」**とまとめている（石浦他，2020，pp.142-147）。つまり小学校で目指すのは，物体の振動と音が関係

---

1 糸電話で声を伝える糸には，糸の水平方向に振動する縦波だけでなく，糸方向と垂直に振動する横波も発生する。通話中の糸電話の糸をよく観察すると，糸が垂直方向に揺れている様子を見て取ることができる。

第Ⅱ部
しっかりとした理解に基づく小学校理科指導のために

していることへの理解である。

③ 振動が音に変わるためには

（1）ワーク①：振動を音に変えるには？

　ここで1つ活動を行いたい。その準備として，輪ゴムを1つ用意してほしい。一般的な内径2.5～3cm程度のもので構わない。

　手始めに，輪ゴムを「振動するもの」，すなわち音源にして音を発生させてみよう。輪ゴムを少し張って指で弾いてみる。音は聞こえるだろうか。おそらく，わずかな音が生じるはずである。輪ゴムを耳に近付けてみるとよく分かるだろう。その様子をよく観察してもらいたい。輪ゴム線が揺れ，「ビーン」という音を発しているはずだ。

　さて，この輪ゴムの音は「大きい」だろうか。音源である輪ゴムは目に見えるほどに振動しているのに，そこまで「大きい音」とはいえないだろう。そこで，この輪ゴムの振動を，大きな音に変えるにはどうしたらいいだろうか。身の回りにあるものを利用して，今から10分ほど試行錯誤してみて，音が大きくなる方法を複数見つけてみよう（図9-3）。

　この際，注意してほしいことは，輪ゴムの振動によって生じている「ビーン」という音自体を大きくするということである。何かに輪ゴムを打ち付けて

図9-3　輪ゴムの振動を音に変えるには？

「バチッ」という音を出すわけではない。

　さあ，いかがだったろうか。以下に，高校生がどのような試行を行ったのか
いくつか紹介しよう。実際に輪ゴムを手に取り，試しながら読んでもらいた
い。

● 「強く弾く」「強い力で弾く」

　まずはこれを試された読者の皆さんも多いのではなかろうか。強く弾いて，
輪ゴムの振動を大きくすることで，大きな音がするだろう。

● 「輪ゴムを強く張って弾く」

　これもよく試される方法かと思われる。直径 4.5 cm ほどの一般的な輪ゴム
の場合，これを横に伸ばすと 45 cm ほどにまで伸びる。この状態で弾くとよ
く振動し，緩んだときと比べ大きな音が出る。

● 「ものに引っ掛けて弾く」「大きい物体に輪ゴムをかけて弾く」

　これは，何を取り付けるかによって結果が大きく異なってくる。まだ試して
いない読者の皆さんは，色々試してもらいたい。何に付けるといいだろうか。

● 「プラスチックのコップに輪ゴムを引っ掛けて弾く」「空き箱に輪ゴムをつ
　けて強く弾く」「空のペットボトルの上と下に輪ゴムを通す」

　高校生が見つけてきたものに，これらがあった。同じ強さ，同じ張り具合で
あっても，コップや空き箱等にかけて弾くと，明らかに音は大きくなる。

（2） ワーク②：大きな音を出すには何が必要か

　では，ワーク①を踏まえると，振動を大きな音に変えるにはどういった条件
が必要なのだろうか（図9-4）。試行や高校生が挙げた例をもとに，何が必要
か書き出してみてほしい。

　これも高校生の回答と照らし合わせながら整理してみよう。

● 「ちから」「振動（振幅）を大きくする」「パワー」

　まずは，音源である輪ゴムを大きく振動させる必要がある。そのためには，

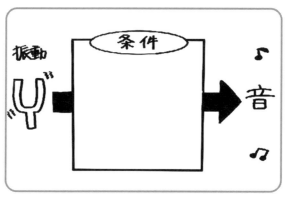

図 9-4　振動が音に変わるために必要な条件は？

音源に大きな力（エネルギー）を加えればいい。

● 「輪ゴムからの振動を集めるもの」「響かせやすいもの」「物体」
「振動を増幅させる空間」「響きやすい空間」

　さらに，音源の振動を別の物体に伝えると，音は大きくなる。空き箱のよう
な，面積のわりに軽くてよく震える物体や，コップやペットボトルのような，
内部に空間をもつ物体が，音を大きくすることができるようだ。

（3）再考：音は空気を伝わる振動

　ここまでの試行や考察は，「音は空気を伝わる振動である」ことを，科学的
な問題解決の過程を経て，実感することをねらいとしていた。

　まずワーク①で試したように，輪ゴムが振動していても，十分な音が出ると
は限らない。音とは「空気」を伝わる疎密波であり，空気に振動が伝わらない
と音として聞くことはできない。輪ゴムは細く，空気への接触面が少ないた
め，強く振動させても空気を振動させにくい。そこで例えば，輪ゴムを空き箱
にかけて弾くと，輪ゴムの振動が空き箱の面に伝わり，面全体が空気を揺ら
す。これにより，大きな音として聞こえるようになる（図9-5）。

　これを体感する音叉を使った実験を紹介しよう。図9-6左のように，音叉の
みを振動させても音は小さい。しかし図9-6右のように振動した音叉を机に当

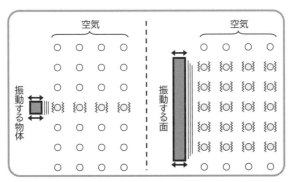

図 9-5　広い面は振動が効率よく空気に伝わる

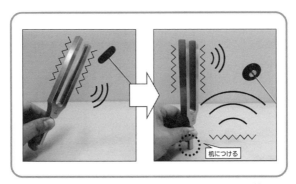

図 9-6　音叉を机に付けると机を経由して空気が揺れる

てると，机面に伝わった振動が空気に伝わるため音が大きくなる。

あるいは，ビン，ペットボトル，試験管等の空気を蓄えた空間も，振動を音にしてくれる。試験管の縁に下唇をあてた状態から，反対側の縁にめがけて細い息をあてると，一定の高さの音が生じる（図9-7）。これは，試験管中の空気が，その長さに応じた振動しやすい周波数帯（固有周波数）をもっているためである。閉じ込めた空気は「特定の高さの音」をもっているともいえる。容器内の

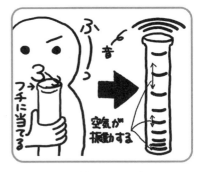

図 9-7　試験管を吹いて鳴らす

空気がこの固有周波数で振動することで，外の空気も振動する。

　小学校第3学年の段階では，空気と音の関係は扱わない。しかし，「振動が伝わることが音である」ことを学習する上で，振動する物体が空気を揺らすことによって音になるという一連の過程を，教師側がしっかりと理解しておくとよい。そうすることによって，児童の見方や考え方を見つけ，認めることができるだろう。

④ 「音」における理科の見方・考え方

　ワークを通して，読者の皆さんが活動し考えた過程は，実は小学校理科で求められている「理科の見方・考え方」を働かせる過程であった。ワークを振り返りながら，その見方・考え方を確認してみよう。

（1）ワーク①・②での「考え方」

　「理科の見方・考え方」とは，問題を科学的に解決する上で働かせるものである。問題解決の過程や「見方・考え方」は第Ⅰ部でまとめられているので，今一度確認してほしい。

　そして本章で扱った音は第3学年の内容であり，そこで重視される「考え方」は「比較」である。また，エネルギー分野で重視される「見方」は，主に「量的・関係的な視点」である。

　ワーク①では，輪ゴムの振動を音に変える試行錯誤を行った。ここでは様々な試行を行い，音の大きさや方法の違いを「比較」した。「比較」という考え方を通して，「音の大きさには何が関係しているのか」という問題が見いだされる。理科を学び始める小学校3年生にとって，問題解決をスタートさせるための極めて重要な考え方となる。

　さらにワーク②では，試行の結果を振り返って，音を大きくするために必要な条件を考えた。これは「関係付け」という考え方である。「関係付け」とは，「比較」から発見した違いと，ある現象（今回では音が大きくなること）が関係するのではないか，と推測する考え方である。言い換えれば，仮説を立

てる上で必要になる考え方である。「関係付け」は小学校第4学年で重点的に指導するものであるが，3年生でも必要となる大切な考え方である。この現象にはこの要因が関係しているのではないか，という仮説を検証していくことが，科学において重視される「仮説検証」という方法であり，仮説がないと検証は始まらない。すなわちワーク①・②を通して，読者の皆さんは仮説を作るまでの科学的な問題解決を体験したわけである。

（2）ワーク①・②での「見方」

では，「見方」はどうであろうか。先に述べたように，エネルギー領域の主な「見方」は，「量的・関係的な視点」であった。ワーク②において，音が大きくなることには何が関係しているのかを考えたが，これはまさしく「関係的」な見方をしている場面である。音が大きくなるという現象と，輪ゴムの振動や物を接続すること，すなわち現象同士，あるいは現象と条件を結び付けるという視点である。

また，ワーク①では，輪ゴムを大きく振動させることで音が大きくなったことを確認した。振動を大きくすれば音も大きくなる，つまり，ある量と別の量の変化が関係するという視点が，ここでの「量的」な見方に当たる。量と聞くと数値化しなければならない気がするが（もちろん数値化も大切なのだが），まず感覚で量を捉えることが，第3学年の段階では重要である。

⑤ 「音」の授業展開例

ここまでで，「音」への理解と，エネルギー領域における見方・考え方の理解が深まったことだろう。それらを踏まえた上で，「音」の単元においてどのような授業が可能かを示してみたい。

（1）授業例1：音を大きくするには？

先述したワークは小学校でも実践可能である。授業展開例を表9-2に示す。

注意する点として，児童はかなり多様な試行を行ってくると予想される。そ

第Ⅱ部
しっかりとした理解に基づく小学校理科指導のために

表9-2 「音を大きくするには？」授業展開例

	学習活動	予想される児童の反応	指導上の留意点
導入	・今聞こえる音を探す ・輪ゴムを弾く音を観察する	「話し声が聞こえる」 「隣の教室の音が聞こえる」	静かにさせて，耳を澄まさせる。 各児童に輪ゴムを配り，弾いて音を出させる
展開①	わごむの音を大きくしよう	
展開①	・輪ゴムの音を大きくする方法を班で話し合いながら探す ・見つけた大きくする方法を班ごとにまとめ，発表し共有する	・強い力で弾いたり，強く引っ張って弾いたりする ・鉛筆等の物を使って弾く ・筆箱等に巻いて弾く	班を回りながら，様々な試行を促す 方法を板書等でまとめる（ICTを用いると共有しやすい）
展開②	音を大きくするには何が必要だろうか	
展開②	・音を大きくするための条件を班で話し合って挙げる ・各班の意見を発表し，共有する ・音又の実験を観察する	・強い力が必要 ・音を集めるものが必要 「音又が震えている」 「音が大きくなった」	（展開②を次時間に持ち越してもよい） ・音又が振動していることを確認させる（触れさせる，水につける等） ・音又単体を鳴らしたときと，机につけて鳴らしたときの音を比較させる ・強く叩いたときと弱く叩いたときの違いも比較させる
まとめ	・活動から分かることをまとめる 「音が出ているとき，ものがふるえている」 「ふるえが大きいと音の大きさも大きくなる」		・児童の試行や意見を振り返り，大きく震わせることと広い面に震えを伝わせることが必要であることに言及する

して「音を大きくするには何が必要か」という問いに対しても多様な仮説が出現する。中には「気合が必要」といった仮説を出してくる児童もいると思われる。しかし，それらの声も受け入れてほしい。

　本授業の目的は，「比較」を通して音の大きさに対する問題を見いだし，仮説を立てるという科学的な問題解決の力を育てることである。読者の皆さんがワークの中で経験したように，「この時は音が大きくなる」という状況の共通点や，「この時とこの時では音の大きさが異なる」という状況の差異点から，「音を出すためには何が必要なのか」という問題が見いだされる。さらに，「音を大きくするためには何が必要か」という発問を通し，音の大きさとそれに関係する要因の「関係付け」が行われ，仮説が立てられる。これらの問題解決を通して，児童は「音が生じているものは震えている」という知識を得る。

　したがって，教師は「正しい」仮説を導いたことを評価するのではなく，観

察して比較し，違いを音の大きさと関係付けて仮説を立てたこと，すなわち児童自らが問題を科学的に解決したことを評価するべきである。評価についての詳細は，他の章例えば第 14 章で学んでほしい。

（2）授業例 2：糸電話であそぼう

授業例としてもう 1 つ，教科書でも取り上げられている糸電話を用いた授業を例示したい。授業展開例を表 9-3 に示す。

糸電話を作るにあたって，例えば以下のような方法がある。

① 各児童の両手を広げさせて，手から手までの長さでタコ糸を測り取らせる（小 3 で 1.3 m 程度になる）。

② 先をあらかじめ折り取った爪楊枝 2 本に，測り取った糸の両端をそれぞれ巻き付け，さらにセロハンテープを上に巻き付け固定する。

③ 底部中央にあらかじめキリで穴を開けておいた紙コップ 2 つに，糸をつないだ爪楊枝を穴に押し込み，紙コップと糸をつなぐ。

表 9-3 「糸でんわで遊ぼう」授業展開例

	学習活動	予想される児童の反応	指導上の留意点
導入	糸でんわで遊ぼう		
	・糸電話をつくる ・糸電話で通話してみる	声が伝わる児童と伝わらない児童がでてくる	1 人 1 つの糸電話をつくらせる
展開①	糸でんわで声をつたえるには何がひつようだろう		
	・グループで糸電話がどういったときに声を伝えられるか，意見を出し合う ・グループの意見を全体共有する	「糸がピンと張ってないといけない」 「糸が何かに引っかかってると聞こえない」 「糸に触ってると聞こえない」	意見が出ないグループには，糸電話を実際に使わせ，音が伝わる（伝わらない）ときの状態に注目させる グループごとの意見を板書等でまとめる（ICT を用いるとよりよい）
展開②	・音を伝えているときの糸電話の様子を観察する ＊紙コップに触れる ＊糸にそっと触れる・よく見る ＊糸をつまむ	「紙コップが震えている」 「糸をつまむと声が聞こえない」 「糸が震えているのが見える」	（展開②を次時間に持ち越してもよい）糸電話で声が伝わっているときは，紙コップと糸が振動していることに注目させる
まとめ	・活動から分かることをまとめる 「音がつたわるとき，つたえるものはふるえている」 「ふるえを止めると，音はつたわらなくなる」		・児童の意見を振り返り，震えが伝わることで音が伝えられることに言及する

第 II 部
しっかりとした理解に基づく小学校理科指導のために

この糸電話を用いた活動も，比較を通して声が伝わるにはどうすればよいのかという問題を見いだし，声が伝わることと振動を関係付けて仮説を立てるという問題解決の力を発揮することが目的である。糸電話遊びという場を用意することで，児童が自ら比較・関係付けの考え方を働かせるように促し，問題解決を通して音を理解できるように教師は支援したい。

（3）糸電話のバリエーション

　最後に，糸電話をもとにした音教材を2つ紹介しよう。適宜授業の中で紹介することで，音への興味・関心や思考を促すことができる。

〈バネ電話〉

　バネ電話とは図9-8のように，糸の代わりにバネを用いた糸電話である。バネが少し伸びた状態で片方の紙コップから声を出すと，もう片方の紙コップから声がやまびこのように反響して聞こえる。バネ内を声の振動が何回も反射し，往復するためである。

　また，バネが音源，紙コップが振動を音に変えるものと見なすと，非常に面白い音を発生させることができる楽器になる。紙コップを片手で持ち，バネを引っ張って爪でピンと弾くと，「ピチューン」

図9-8　バネ電話

というSFの効果音のような音を発生させることができる。

〈ストリングラフィ〉

　ストリングラフィとは，日本の音楽家である水嶋一江氏によって開発された，糸電話状の楽器である。糸電話を絹糸で作り，松やに（ヴァイオリン等の弓に塗る塗布剤）を糸に塗っておく。そして糸電話をピンと張り，糸を布や紙でこすると，ヴァイオリンのような音を奏でることができる（図9-9）。写真では多数の長さの違う糸電話を支柱に取り付けて張っているが，1本の糸電話を2人で持って張ることでも十分である。これも，糸が音源，紙コップが振動を音に変えるものと見なすことができる。松やにの代わりに，水で手を濡らし

てこすることでも音を鳴らすことができる。

　以上，エネルギー領域における「音」に注目し，特に科学的な問題解決の第一歩となる部分を本章では取り扱った。音は，教師自身も楽しく考えられる材料にあふれた単元である。本章を通して経験した問題解決の過程を，子どもたちに伝えてほしい。

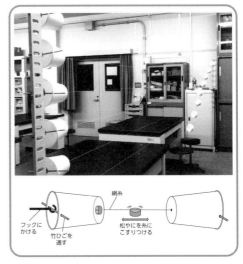

図 9-9　ストリングラフィ

引用・参考文献

文部科学省（2018）：小学校学習指導要領（平成 29 年告示）解説理科編，東洋館出版社
石浦章一他（2020）：わくわく理科 4，啓林館.
Studio Eve：水嶋一江＆ストリングラフィ・アンサンブル
https://stringraphy.com/ （accessed 2021.09.14）

学習の課題

1. 音源と，振動を空気に伝えるものを組み合わせ，楽器をつくってみよう。
2. スピーカーはどうやって大きな音を発しているのだろうか（音源は何か，振動を空気に伝えるものは何か）。

【さらに学びたい人のための図書】

柳田益造他：楽器の科学 図解でわかる楽器のしくみと音のだし方，SB クリエイティブ
　⇒音発生の仕組みが様々な楽器から学べる。

チャールズ・テイラー：音の不思議を探る 音楽と楽器の科学，大月書店
　⇒子どもから大人まで分かりやすく，科学と音楽をまとめている。

（向井大喜）

CHAPTER 10 粒子領域「燃焼の仕組み」：実社会，実生活との関連を意識した単元構成

　燃焼とは，化学変化の際に多量の発熱があり，光を発する現象である。一般には，物質が酸素と結び付く酸化反応のことである。本章では，小学校で扱う燃焼の学習，すなわち，粒子領域の第6学年「燃焼の仕組み」における指導事例を紹介する。

1 学習指導要領における「燃焼の仕組み」の位置付け

　第6学年「燃焼の仕組み」は，表10-1に示した通り，粒子領域の「粒子の存在」「粒子の結合」に位置付けられた単元であり，中学校第1分野「物質のすがた」や「化学変化」の学習につながるものである。

表10-1　粒子領域における「燃焼の仕組み」の位置付け

（文部科学省，2018，p.23 を参考に筆者が加筆して作成）

	粒子			
	粒子の存在	粒子の結合	粒子の保存性	粒子のもつエネルギー
小学校第3学年			物と重さ	
小学校第4学年	空気と水の性質			金属，水，空気と温度
小学校第5学年			物の溶け方	
小学校第6学年	燃焼の仕組み	水溶液の性質		
中学校第1学年	物質のすがた		水溶液　状態変化	
中学校第2学年	物質の成り立ち		化学変化	
			化学変化と物質の質量	
中学校第3学年	水溶液とイオン			
	化学変化と電池			

　また，2017年版学習指導要領における内容には図10-1のように書かれてい

る。本書第2章の読み方に従えば，「見方として着目する視点（質的・実体的な視点）」として「空気の変化」に着目し，主に「多面的」に調べるという「考え方」を働かせる学習活動が求められている。また，「学習の結果として児童がもつことが期待される知識」は「植物体が燃えるときには，空気中の酸素が使われて二酸化炭素ができること」であり，「問題解決の力」として「より妥当な考えをつくりだし，表現すること」が求められる。これらを目指して，授業をつくるのである。

見方として着目する視点　　　　　　**考え方**

燃焼の仕組みについて，空気の変化に着目して，物の燃え方を多面的に調べる活動を通して，次の事項を身に付けることができるよう指導する。

知識及び技能

ア　次のことを理解するとともに，観察，実験などに関する技能を身に付けること。
（ア）植物体が燃えるときには，空気中の酸素が使われて二酸化炭素ができること。

学習の結果として児童がもつことが期待される知識

思考力，判断力，表現力等

イ　燃焼の仕組みについて追究する中で，物が燃えたときの空気の変化について，より妥当な考えをつくりだし，表現すること。

問題解決の力

図 10-1　第6学年理科「燃焼の仕組み」の内容

（文部科学省，2018，p.77 より筆者が加筆して作成）

2 「空気の変化」に着目させる導入の工夫

　この単元では，図 10-1 に示したように「植物体が燃えるときには，空気中の酸素が使われて二酸化炭素ができること」を学習する。実際の授業では，例えば「物が燃える前と後で空気はどう違うのだろうか？」という問題（めあて）を設定し展開していく。その際，「見方として着目する視点」として「空気の変化」に児童自身が着目して問題解決していくことが大切である。ここでは，そのための導入の工夫を紹介する。図 10-2 に導入のやりとりを示したの

第II部
しっかりとした理解に基づく小学校理科指導のために

で見てほしい。

　まず，演示実験①として，集気びんに火のついたろうそくを入れてふたをした場合を観察させる。「どうなると思う？」と発問すると，多くの児童は「消える！」と答えるだろう。集気びんの大きさにもよるが，しばらく時間が経つと徐々に炎が小さくなり，消えてしまう。

　その後，素早くろうそくを取り出し，ふたをした集気びんに着目させて，「この中には，ろうそくが燃えた後の空気が入っています。ここにもう1度，火のついたろうそくを入れるとどうなると思う？」と発問する。児童は当然のように「消える」と答える。そこで，演示実験②として，燃焼後の空気で満たされている集気びんに火のついたろうそくを再度入れてみる。すると，一瞬で火が消えてしまう。教師は演示後，「1回目と比べて，何が違いましたか？」と発問する。確かにどちらも「消える」という結果であることには違いない。しかし，1回目と比べて2回目の実験ではすぐに火が消えてしまったのである。この2つの事象を比較することで，火の消え方の違いとその要因，つまり，燃焼前後の空気変化に着目することになる。その際，「なぜ」と理由を問うよりも「何が」と要因を問いかけるようにしたい。児童は，燃焼によって「酸素がなくなったから」や「二酸化炭素が増えたから」など，空気の変化について予想するだろう。教師はその予想を全体で共有し，「酸素がなくなったということは，集気びんの中には酸素がゼロということかな？」などと問い返すとよいだろう。燃焼による空気の変化を量的な視点でも捉えることにもつながる。

> **ワンポイント！：空気の組成**
>
> 　空気は，地球の大気圏の最下層を構成している気体である。乾燥空気の主な組成（体積割合）は次の通りである。
>
> ・窒素（N_2）：約78.1%　・酸素（O_2）：約20.9%　・アルゴン（Ar）：約0.9%
>
> --
>
> その他，二酸化炭素（CO_2）：約0.04%　など

空気の入った集気びんの中に，火のついたろうそくを入れます。どうなると思いますか？

火が消えると思います。

演示実験①

しばらくすると消える

→

実験後，素早くろうそくを取り出しふたをする。

この集気びんの中には，ろうそくが燃えた後の空気が入っていますよね。ここに，もう1度，火のついたろうそくを入れるとどうなるでしょうか？

1回目と同じで，消えると思います。

演示実験②

すぐに消える

→

消えましたね。
1回目と比べて何が違いましたか？

1回目と比べて，火がすぐに消えてしまいました。

そうですね。何がそのような違いを生じさせていると思いますか？

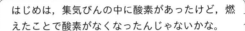

はじめは，集気びんの中に酸素があったけど，燃えたことで酸素がなくなったんじゃないかな。

ろうそくが燃えて，二酸化炭素が増えたから，火が消えたと思うよ。

図10-2 「空気の変化」に着目させる導入のやりとり例

このように，児童自身が見方として着目する視点をもち，主体的に問題解決できるようにするためには，事象を比較しやすい形で提示し問いかけることが大切である。

③ 燃焼概念と日常生活や社会との関連を図った指導

（1）燃焼の3要素

一般に燃焼では，①燃える物（可燃物），②酸素あるいは空気，③酸化反応を引き起こすのに十分な熱源が必要であり，これを「燃焼の3要素」という（図10-3）。燃焼概念の基本的事項の1つである。

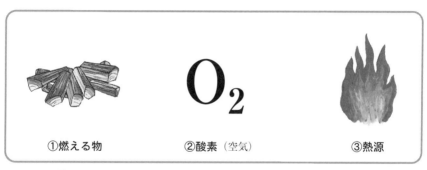

①燃える物　　②酸素（空気）　　③熱源

図10-3　燃焼の3要素

①燃える物（可燃物）については，小学校で扱う場合，木材や紙，ろうそくなどの有機化合物が該当する。実験では，わりばしやろうそくを使用する場合が多いだろう。

②酸素（空気）については，空気中の酸素を供給し続けることである。ただし，酸素があればよいというわけではなく，可燃物の燃焼に必要な酸素濃度が存在する。ろうそくの燃焼の場合，空気中にどれだけの酸素があれば燃え続けるのだろうか。児童に予想してもらうと，0〜10％の範囲で反応が返ってくることが多い。下沢ら（1995）によると，実験データから12〜17％が燃焼限界酸素濃度として報告している。幅があるのは，燃焼限界酸素濃度が実験条件

ここでは，酸素の性質を簡単にまとめておこう．
・無色無臭の気体（液体の場合は淡青色）
・空気より少し重い気体（比重：1.1）
・水に溶けにくい
・助燃性
・実験室的には，過酸化水素を触媒（例えば，二酸化マンガン）で分解することで得られる。　$2H_2O_2 \rightarrow 2H_2O + O_2$

により支配されるためである。

　③熱源については，可燃物と酸素が結び付く反応を起こさせるエネルギーのことであり，十分な温度が必要となる。マッチやライターなどの火気や静電気などが熱源となり得る。

　この「燃焼の3要素」を学習の核として，「燃焼に必要なものは何か？」を探究する指導が考えられる。ただし，燃焼の3要素のうち，「熱源（授業では，十分な温度）」については，学習指導要領の範囲を超えているため，教師が知識として与えたり，発展的な学習として「過熱水蒸気の実験」[1]を導入した指導を行ったりするとよいだろう。

（2）燃焼の3要素と日常生活や社会との関連を図る学習活動

　人間は火の使用によって，大きな進歩を遂げてきた生き物である。近年はIHコンロ（電磁調理器）の普及によりガスコンロの使用が減ってきたものの，火は身近に見られる現象の1つである。また，負の側面ではあるが，火災の発生も挙げられる。そのため，燃焼を扱う本単元は日常生活や社会との関連を図ることに適した単元といえる。そこで，燃焼の3要素を探究する学習活動を終えた単元末に，「燃焼」や「消火」の場面に「燃焼の3要素，すべてがそろえ

1　フラスコ内で水を沸騰させ，出てきた水蒸気を銅パイプに通す。水蒸気が通る銅パイプをガスバーナーで加熱すると，水蒸気が温められ100℃以上になる。過熱水蒸気によってマッチに火をつけることもできる。高温になるので，火傷には十分に注意してほしい。

第Ⅱ部
しっかりとした理解に基づく小学校理科指導のために

ば燃える」，「3要素のうち1つでも欠ければ，燃えない。もしくは消える」という燃焼の3要素を適用する学習活動を設定することができる。例えば，小川・松本（2012）は，「水を入れて加熱する紙鍋」「IHコンロでの天ぷら油の火災」など，日常生活や社会で見られる燃焼事例を提示し，学習活動を展開している。以下に，紹介しよう。

①水を入れて加熱する紙鍋の事例

旅館や和食店などで，紙製の器を鍋にした料理（図10-4）を見たことがあ

るだろうか。紙鍋の中には，出汁や具材が入っており，下から固形燃料等で加熱して料理をいただくことができる。この事例を写真と口頭で提示したうえで，「本当に紙鍋は燃えないのだろうか？」という課題に取り組んだ。

図10-4　紙鍋

まず，紙鍋に水が入っていない場合どうなるか，教師が事前に撮影していた動画を視聴し，紙鍋が燃えることを確認した。その後，画用紙（普通紙でも可）を折って作った紙の器に適量の水を入れて，加熱する実験を行った。児童らは紙鍋が燃えないことを実際に確認したり，水の温度を測ったりした後，考察として，紙なのに燃えない理由を燃焼の3要素と関連させて表現するようにした。この事例の場合，紙鍋の中の水が熱を奪うため，紙が燃える温度に達しない。つまり，燃焼の3要素のうちの「熱源（この実践では十分な温度）」が満たされないため紙鍋が燃えないのである。ちなみに，水風船に火を当てても割れて水浸しになるようなことはない。これも風船の中の水が熱を奪い，風船のゴムが溶けたり燃えたりしないのである。実験する際の注意点としては，紙鍋に水を入れてから加熱すること，火は大きくしすぎず，紙鍋の底の中央に当てることなどが挙げられる。実験する際には，安全面に十分気を付けよう。

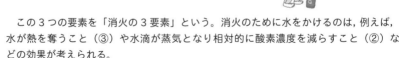

　燃焼の3要素のうち，1つ以上を除くと燃焼が維持できず，消火することができる。燃焼の3要素と対応した消火の要素は次のとおりである。
　①可燃物→可燃物の除去（除去消火）
　②酸素→酸素の希釈（窒息消火）
　③熱源→熱の遮断（冷却消火）

　この3つの要素を「消火の3要素」という。消火のために水をかけるのは，例えば，水が熱を奪うこと（③）や水滴が蒸気となり相対的に酸素濃度を減らすこと（②）などの効果が考えられる。
　また，酸化反応を抑制して消火する「抑制（負触媒）消火」を含めて「消火の4要素」と呼ぶこともある。

② IH コンロでの天ぷら油の火災の事例

　ここでは，まず IH コンロでの天ぷら油の火災[2] の事例を紹介した（図10-5）。ガスコンロと異なり，IH コンロは火が出ないのに，どうして火災となっ

てしまったかを考える学習活動を設定した。「燃えたということは，燃焼の3要素がそろっているはずだ」「IH コンロは火がないけど，油に火がつく十分な温度になったから燃えたのではないか」など，児童は学習した燃焼の3要素に基づいて考えていた。

　また，この天ぷら油の火災を消火するにはどうすればよいかについて

実験映像より

図10-5　IH コンロでの天ぷら油火災
（出典：製品評価技術基盤機構（2009）
https://www.nite.go.jp/data/000005065.pdf）

も考えさせた。児童からは「水をかける」「鍋のふたをする」「濡れた布をかぶせる」「消火器を使う」などの意見が出た。そして，「3要素のうち，1つでも

2　現在，センサーや過熱防止装置による自動停止機能などが備わっているものがほとんどだが，誤使用や不注意で火災が起こる場合もあるので気を付けたい。

欠ければ消える」という知識を適用して理由を考える姿が見られた。例えば，「鍋のふたをする」という消火の方法については，「ふたをして空気を入らないようにすれば，燃焼の3要素のうちの②酸素（空気）が満たされないから，消えるはずだ」というように理由付けしていた。

なお，今回の事例の場合，「水をかける」という消火方法は適切ではない。水は100℃で沸騰するので，高温の油に水をかけると，一気に水蒸気となり爆発的に拡散し，周辺に高温の油をまき散らすことになる。水をかけることの危険性については，理由とともに指導する必要がある。

（3）日常生活や社会との関連を図ることのよさ

本節では，燃焼概念（燃焼の3要素）と日常生活や社会との関連を図った指導の実際について紹介してきた。日常生活や社会で見られる「燃焼」と「消火」の両側面に，学習した燃焼の3要素を適用して考える学習活動を設定することで，知識の適用範囲が広がり，理科学習の有用感の涵養につながることが期待できる。理科で学んだことを，他の教科や，学校外の日常生活や社会生活でも生かせる場面を意図的に設けるようにしたい。そのような教材研究や授業デザインをすることによって，児童の「深い学び」につながるだろう。

引用・参考文献
文部科学省（2018）：小学校学習指導要領（平成29年告示）解説理科編，東洋館出版社
小川博士・松本神示（2012）：オーセンティック・ラーニングに依拠した理科授業が科学的知識の理解に与える効果―小学校第6学年理科「ものの燃え方」を事例として―，理科教育学研究，52（3），pp.43-53
下沢隆・田矢一夫・吉田俊久（1995）：身のまわりの化学，裳華房
製品評価技術基盤機構（2009）：IHこんろ（電磁調理器）及びガスこんろによる事故の防止について（注意喚起）https://www.nite.go.jp/jiko/chuikanki/press/2009fy/090729_1.html（access 2021.08.31）

学習の課題

1. ウェブ上で掲載されている第6学年理科「燃焼の仕組み」の学習指導案を3つ以上収集してみよう。そして，指導計画や授業展開の違いを抽出してみよう。

2. キャンプファイヤーを行う際の薪の組み方をいくつか考えてみよう。そして，その組み方をするとよい理由を科学的に説明してみよう。

3. 粒子領域の「燃焼の仕組み」以外の単元を任意で選び，その内容について，日常生活や社会と関連した事例を探してみよう。

【さらに学びたい人のための図書】

大日本図書教育研究室編（2020）：小学校理科　観察・実験　セーフティマニュアル，大日本図書
　⇒粒子領域は実験活動を行うことが多い領域である。本書は安全な観察・実験を行うポイントをイラスト入りで分かりやすく解説されている。予備実験する際には，手元に置いておきたい一冊。

左巻健男・生源寺孝浩編（2004）：新しい理科の教科書‐親子でひらく科学のとびら 小学6年，文一総合出版
　⇒小学校理科の内容の基礎・基本を丁寧に解説した一冊。小学3年から5年も含めた4巻分が発行されているので，復習したい人には最適な図書だろう。

高橋金三郎，若生克雄編（1976）：やさしくて本質的な理科実験 2，評論社
　⇒粒子領域の教材研究に大変役立つ一冊。理科の本質的な展開に資する実験が多数紹介されている。

（小川博士）

生命領域「植物の発芽，成長，結実」を題材にした理科授業の動機付けの工夫

1 「植物の発芽，成長，結実」単元の特徴とポイント

　第5学年の学習事項のうち，生命領域の内容は「植物の発芽，成長，結実」と「動物の誕生」の2つであり，その両方が「生命の連続性」をテーマとしている（表11-1）。「植物の発芽，成長，結実」においてよく扱われる教材にはインゲンマメ，アブラナ，ヘチマなどがあり，一方「動物の誕生について」はヒトとメダカを扱うのが一般的である。共通性・多様性の見方から植物と動物の発生を比較することで，それらの相違点に気付くとともに，「自然を愛する心情」を養うことができるように授業を進める必要がある。

　本単元では「条件を制御しながら調べる活動」を行う実験も多い。それぞれの実験での指導事項をよく確認しながら進めてほしい。さらに，教材として扱ったインゲンマメを教室に放置することなどがないように，教師自身が生命を尊重する姿勢を児童に示したい。

表 11-1　小学校「生命」領域の内容の構成　（文部科学省，2018 より筆者が一部改変）

学年	生命		
	生物の構造と機能	生命の連続性	生物と環境の関わり
第3学年	身の回りの生物		
第4学年	人の体のつくりと運動		季節と生物
第5学年		植物の発芽，成長，結実　動物の誕生	
第6学年	人の体のつくりと働き　植物の養分と水の通り道		生物と環境

2 種子の発芽条件を調べる実験での工夫

（1） 発芽条件の 6 つの仮説

　この実験ではインゲンマメの種子を用いて，植物の種子が発芽するためには「水，空気，適切な温度」という 3 つの条件が必要であることを学習する。児童は既に保育所・幼稚園や低学年の学習で，植物を育てた経験を積んでおり，発芽に水が関係することを理解していることが多い。

　筆者の勤務していた小学校では，「発芽に何が必要なのか」という発問をすると，上述の「水，空気，適切な温度」に加えて，「土，肥料，日光」が必要であるとする意見が聞かれることが多かった。指導事項以外の仮説が出た場合に，「それは教科書に載っていないから」と児童の意見をないがしろにしてしまうと，児童の意欲は減退してしまうだろう。このように他の仮説が出た場合は，ぜひ実際に実験してみてほしい。

　第 2 章で確認したように，第 5 学年では「条件制御」という考え方を重視することが求められている。この実験においても，6 つの仮説を一度に調べるのではなく，1 つずつ条件を制御しながら調べることが大切である。例えば「植物の発芽に水が必要か」を調べるためには，水を与えた種子と水を与えていない種子を比較して，その結果から仮説を確かめることになる（図 11-1）。その際に，「空気，適切な温度，土，肥料，光」という他の条件は統一して実験を行う必要がある。

　なお，「土」について実験をする際には少し工夫が必要にな

図 11-1　発芽実験の様子
（上段は各条件を満たしており，下段は満たしていない）

る。土を与えた種子と、与えていない種子を比較する際に、畑の土を与えてしまうと、土の中に肥料が含まれているかもしれず、条件が異なってしまうからだ。そのため、肥料分の含まれていない土（バーミキュライト等）を用いる必要がある（図11-2上段）。肥料を与えた種子と与えていない種子を比較する場合は、水を与える種子と、液体肥料を水で薄めた物を与える種子を比較するとよい。

また、適切な温度下の種子と適切でない温度下の種子を比較する際にも注意が必要である。種子を適切でない温度下で保管する際には、冷蔵庫の中に入れることが多いが冷蔵庫の中は光がないため、それと比較する種子についても箱などの中に入れて光を遮る必要がある（図11-2下段）。

このように、児童の考えに合わせて、実際に問題解決を行うためには、そのための準備が必要になる。児童からどのような仮説が出るのかを、事前に予想して消耗品を準備しておくことも重要であるが、児童からは思わぬ意見が出ることがあるので、その場合は次の時間に実験をするとよい。「自分の意見に合わせて先生が実験を準備してくれた！」という思いは児童の意欲を大きく高め

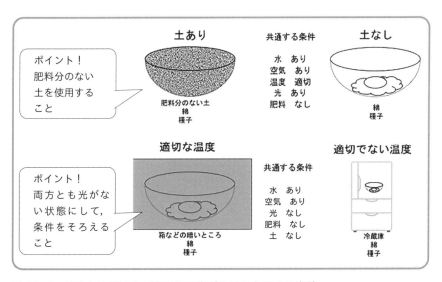

図11-2　植物の発芽に土，適切な温度が必要かを調べる実験

るだろう。

（2）発芽における水の必要性

　発芽には水が必要であるが，「必要である」ということはどういうことだろうか。それは，水がない場合には発芽しないということである。上述のように，児童は水が発芽に関係することは知っているが，「発芽に水が必要である」ことそのものの理解については，これまであまり問題にされなかった。しかし，児童は本当にこのことを十分に理解しているのだろうか。

　発芽の学習を終えている6年生児童に発芽に必要なものを尋ねると，95％の児童が「水，空気，適切な温度」であると正しく解答することができた。そこで，以下のようなアンケートを行ってみた（図11-3）。内容は水の代わりにオリーブオイルやメタノールを与えた場合に，種子が発芽するかどうかを問うもの。その結果，両方の種子が発芽しないと正しく答えた児童は34％しかなかった（安部・山岡・高橋・松本；2019）。つまり，児童は水が「必要」であることを十分に理解しておらず，水の代わりに他の液体を使っても発芽する

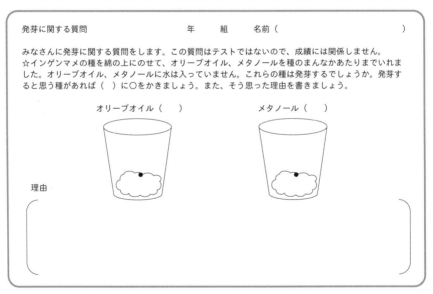

図11-3　発芽に関するアンケート用紙　　　　（安部・山岡・高橋・松本，2019より）

第Ⅱ部
しっかりとした理解に基づく小学校理科指導のために

と思っていたのだ。

　そこで，5年生の授業において「発芽に必要なもの」を通常通りの流れで指導した後に，オリーブオイルやメタノールを用いた授業を行った。やはり，水の代わりにオリーブオイルやメタノールを用いても発芽するのではないかと考える児童が多く，「オリーブオイルは体によさそうだから」「メタノールは透明だから」「オリーブオイルもメタノールも液体だから」などとその理由を挙げていた。実際に，実験を行うと水を与えたインゲンマメの種子は膨らみ，発芽して根が出てきたが，オリーブオイル，メタノールを与えた種子は発芽しなかった（図11-4）。

図11-4　水の代わりにオリーブオイル，メタノールを使った発芽実験
（安部・山岡・高橋・松本，2019より）

　この結果は意外だったようで，結果を確認したときに児童から「おー！」という驚きの声が上がった。つまり，児童の考えと，実験結果との間に「事象とのずれ（第4章参照）」があったということだ。この結果を見た後で，「なぜ発芽しなかったのか」を話し合わせたところ，様々な意見が出たが，最終的に児童たちは「水がないからだよ」と結論付けた。

　このように，児童は分かっているように見えて，本当はきちんと理解していない場合がある。これは従来のように「発芽に必要なものは何ですか」という質問だけでは見えなかったことだ。児童がどのように自然事象を考え，理解しているのかを丁寧に調べ，それを解決するように授業を仕組んでいきたい。

（3）鳥のエサは発芽するのか

　ホームセンター等で売っている鳥のエサには，植物の種子を詰め合わせたものがある。このような種子であっても「水，空気，適切な温度」という条件が満たされた場合には発芽するのだろうか。

　発芽条件を学習した児童に対して，まとめとしてこの発問を行った。キビ，ヒエ，アワ，ムギ，ヒマワリ等の種子が入っているエサを用意して児童に紹介し，実際に水につけた種子を見せて話し合わせると，「発芽する」という児童と「発芽しない」という児童に分かれた。「仲間とのずれ（第4章参照）」が生まれ，児童は「どっちかなぁ」と気になっている様子である。

　「実は先週から実験をしていたんだけど，こんな結果になるんだよ」

図11-5　水につけた種子

図11-6　発芽後の種子

と言って，発芽した後の種子を見せると，ひときわ大きい歓声が上がった。ふさふさとした植物の芽がトレーから溢れている様子は確かにインパクトがある。植物によって葉や茎の様子が異なるのも面白い。人間が食べるゴマなどは加熱されているため発芽しないが，給食で食べたオレンジの種や，公園に落ちているドングリ，家庭で調理したカボチャの種など，身の回りには発芽実験をしてみると面白いものがたくさんある。また，ドングリにはコナラやクヌギなどの発芽しやすいものと，アラカシやシラカシなどのなかなか発芽しないもの

第Ⅱ部
しっかりとした理解に基づく小学校理科指導のために

があるので，いくつかの種子を比較してみることも，新たな発見につながるだろう。

③ 種子の成長条件を調べる実験での工夫

　本単元では，種子の発芽条件を学習した後に，発芽後の種子が大きく育つためには，肥料と日光の条件が必要であることを学習する。この成長条件の実験において，児童が意欲的に学習に取り組むためにはどのように授業を進めればよいだろうか。伏見（1999）は学習者の意欲を高め，主体的な問題解決の場面を設定するための方法として，「工作的発問」という発問の在り方を提案している。「工作的発問」とは「できるだけ〜するにはどうすればよいだろう」という形式の発問である。伏見は，この発問によって仮説が思いつきやすくなり，児童が活発に仮説の検証を行おうとするため，効果的な学習が成立すると指摘している。そこで，工作的発問をもとに次のような授業を行った。

　発芽したインゲンマメの苗を植木鉢に植え替えて，各班に１つずつ与えた。その上で，「自分の班の苗をできるだけ大きく元気に育てるにはどのようにすればよいだろうか」と問いかけた。それぞれの班の児童は，自分の班の苗を一番大きくしようと，張り切って計画を立て始めた。

　各班が考えた計画を報告し合うと，教科書どおりの「肥料，日光」以外にも，「植木鉢にミミズを入れると土がやわらかくなるから苗が大きく育つ」「植木鉢に落ち葉を敷き詰めると栄養になるから，苗が大きくなると思う」「風通しのよいところに植木鉢を置くといいと思う」といった意見が見られた。結果は２週間後を観察することを確認し，それぞれが校庭の決められた範囲の場所に思い思いの環境を整えた。ミミズを入れたいという班はなかなかミミズを見つけることができなかったが，休み時間に何匹か見つけることができ，無事に植木鉢をセッテイングすることができた。

　「先生，休み時間に実験の続きをしてもいいですか」という発言が出るほど，児童が前向きに授業に取り組むのは，「自分の班の苗をもっと大きくしたい！」という思いが強いからである。工作的発問は様々な場面で使えるので，

「もっと遠くまで車を走らせるにはどうすればいいかな」「どうすればもっと長く火が燃えるかな」というように，発問の仕方を工夫してみてほしい。

4 植物の結実条件を調べる実験での工夫

（1）受粉実験の方法

　植物の結実条件を調べる実験では，受粉が結実の条件であることを学習するが，そのために用いられる植物はヘチマやカボチャであることが多い。なぜ，チューリップやヒマワリではなく，ヘチマを用いるのだろうか。

　ヘチマやカボチャの花は，おしべだけをつける花（雄花）と，めしべだけをつける花（雌花）があり，このような花は単性花と呼ばれる。チューリップは1つの花の中におしべとめしべが両方ついており，このような花は両性花と呼ばれている。さらに，ヒマワリなどのキク科の花は，1つの花に見えても，実はたくさんの花が集まってできており，おしべやめしべがたくさんあるつくりになっている。結実の実験をする際には，おしべの花粉をめしべにつけた花と，花粉をめしべにつけていない花を比較する必要がある。単性花の場合は，花粉をつけた雌花と，花粉をつけていない雌花を用意するのが簡単だが，両性花の場合は，花の中で勝手に受粉をしてしまう可能性があるので，実験に工夫が必要になる（図 11-7）。そのた

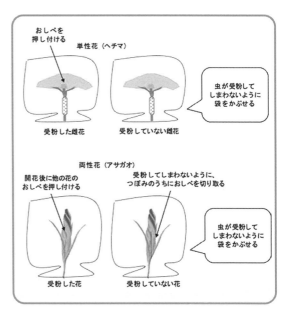

図 11-7　単性花と両性花の結実実験

第Ⅱ部
しっかりとした理解に基づく小学校理科指導のために

め，この実験は単性花を用いることが多いのである。なお，アサガオ等の両性花を用いて実験を行う際には，花粉ができる前のつぼみのうちに花を切り開いておしべを取り除いておけばよい。

（2）花の観察

上記の結実実験の前には花の観察を行うが，この際にいきなりヘチマの花を観察させても「ずれ（第4章参照）」は生まれず，植物のつくりの面白さや不思議さの発見にはつながらない。ヘチマの花の面白さを知るためには，まず両性花のつくりについて知っておく必要がある。そのためには，ヘチマの学習の前に「花弁（花びら），がく，おしべ，めしべ」という基本的な花のつくりを指導しておくとよい。

例えば，4月にアブラナの観察をし，花のつくりを確認することができるだろう。さらにおすすめしたいのが，校内にある他の花を使うことだ。学校の理科の授業は1つのきまり教えるために，1つの事例だけを取り上げて指導してしまうことが多い。これは，新たなきまりを学習する上では不完全な方法である。特に生物分野では共通性・多様性をもとに学習を進めることが重要である

複数の花の観察を通して，「花弁（花びら），がく，おしべ，めしべ」が花の基本的なつくりであることを学習させたい

図 11-8　花のつくりの学習の留意点

ので，できれば多くの事例をもとに学習を進めてほしい（図11-8）。

4月には，入学式の準備のために多くの花が用意される。来賓の机の上に飾られた切り花や，会場の内外に置かれた植木鉢，花壇に植えられた花などのうち，入学式の後には使わないものもあるだろう。管理職や他の職員に確認した上で，それらの花を教室に用意しておくとよい。

アブラナの花はたくさん用意しやすいので，1人1つずつ花を観察させやすい。観察を通して「花には花弁，がく，めしべ，おしべがある」ということを学習してから（第13章参照），他の花を見ると「あれ？ペチュニアは花弁が1枚しかないぞ！」「チューリップにはがくがないぞ」という「事象とのずれ（第4章参照）」が生まれる。

図11-9　ペチュニアの花

図11-10　チューリップのつぼみ

実は，ペチュニアは「合弁花」と呼ばれる，花弁がくっついた花のつくりをしている（図11-9）。また，チューリップは花弁が6枚あるように見えるが，内側の3枚が花弁，外側の3枚ががくであり，つぼみのときには緑色をしているがくが，開花の際に色付くという性質をもっている（図11-10，11-11）。このように，基本的

図11-11　チューリップの花

な花のつくりを知っていると，いつも見ている花の見え方が違ってくる。その

第Ⅱ部
しっかりとした理解に基づく小学校理科指導のために

ような身の回りの事物とのつながりを伝えると，学習内容がより身近になるだろう。

　なお，授業時間の制約や，教材を準備する手間などから，複数の教材が用意できない場合には，授業できまりを学習した後に，「自分の身の回りの生物も同じようなつくりになっているだろうか」という観点から児童の身近な生物につなげることで，深い学びとなるように配慮したい。

　このように，両性花の学習を行った上で，ヘチマの花の観察に向かうと，「おしべがない！」と驚いた様子を見せる児童が現れるだろう。「しめしめ」と思いながら「え！本当に？」と教師も驚いたふりをすると，「いや，花の種類が2種類あると思う」と発言する児童も出てくるだろう。そこで，「本当に2種類ある？」と問いかけることで，他の児童も「仲間とのずれ（第4章参照）」を感じ，一層熱心に観察しはじめる。単性花の面白さに気付かせるためにも，両性花との比較を通して，共通性・多様性の視点を働かせた授業展開を心がけてほしい。

（3）児童が興味をもって学習に取り組むための動機付け

　本節では，第5学年「植物の発芽，成長，結実」を通して，実例をもとに授業での動機付けの方法を紹介してきた。児童による「対話的な学び」「深い学び」を実現するためには，「主体的な学び」であることが求められる。児童の主体性を引き出すために，児童にとって知的に面白い授業を心がけたい。そのためにも授業の中で生まれたずれを生かし，児童から生まれた疑問を大切にすることが重要である。

　最後に，教師自身が授業を楽しんで行っている，理科を面白がっていることも，児童が理科を好きになるための大きな要素である。日常的に教師自身が理科に関する事柄に興味をもち，その面白さを児童に伝えてほしい。

附記　本研究は JSPS 科研費　JP21H04067 の助成を受けたものである。

引用・参考文献

安部洋一郎・山岡武邦・高橋信幸・松本伸示（2019）：発芽条件の指導における対照実験の問題点と改善法─小学校第5学年「植物の発芽と成長」の単元において─，理科教育学研究，59（3），pp.335-344

伏見陽児（1999）：心理実験で語る授業づくりのヒント，北大路書房

> **学習の課題**
> 1．身の回りの種子を実際に発芽させてみよう。
> 2．身の回りの植物から単性花と両性花を見つけてみよう。

【さらに学びたい人のための図書】

盛口満（2012）：生物の描き方，東京大学出版会
⇒生物のスケッチの方法という切り口から生物の見方を教えてくれる本。著者は「グッチョ先生」という名前でたくさんの興味深い本を書いており，生物という学問の楽しみ方を教えてくれる。

細将貴（2012）：右利きのヘビ仮説，東海大学出版部
⇒カタツムリの大部分は右向きに巻いた殻を背負っているが，左巻きのカタツムリも少数存在する。それはなぜかを解き明かした本。若手の研究者が様々な困難に直面する中で，謎の解決に一歩ずつ迫っていくドキュメンタリーとして，最高に面白い。

足立則夫（2012）：ナメクジの言い分，岩波書店
⇒ふとした拍子にナメクジに興味をもってしまった著者がナメクジを探し回り，そのうちに多くの人を巻き込んで，全国のナメクジを調べ回る。一般に嫌われることの多いナメクジだが，この本を読むとナメクジを見たときにちょっとうれしくなるだろう。

（安部洋一郎）

12 地球領域「星の観察や月の満ち欠け」を題材とした天文教育

1 天文領域の特性とポイント

(1) 第4学年「月と星」のねらいと天体観察の問題点

2017年版学習指導要領には次のように記載されている（文部科学省，2018，p.101）。

> 月や星の特徴について，位置の変化や時間の経過に着目して，それらを関係付けて調べる活動を通して，次の事項を身に付けることができるよう指導する。
>
> ア　次のことを理解するとともに，観察，実験などに関する技能を身に付けること。
>
> （ア）月は日によって形が変わって見え，1日のうちでも時刻によって位置が変わること。
>
> （イ）空には，明るさや色の違う星があること。
>
> （ウ）星の集まりは，1日のうちでも時刻によって，並び方は変わらないが，位置が変わること。

天文領域の学習指導には，苦手意識をもつ教師が多いと言われている。その理由の1つとして，教師に天文学習についての経験が少ないことが挙げられる。教職課程をもつ大学の学生を対象とした筆者独自のアンケートにおいても，実際に望遠鏡をのぞいて天体観測をした経験は253名中110名（43%）と，半数にも満たないという結果が出ている。

また，半分以上の学生から，天文についての観察は少なかったという結果が出ている。それだけではなく，天体観察をしにくい現状がある。昔は，夜に学校に集まって天体観察をしたこともあるが，現在は，安全上の理由からほとんど実施されていない。そこで，天体観察は家庭学習となるのだが，児童が1人だけでは十分な観察はできないのである。それはなぜか。空間認識のない児童が1人で天体を観察しても，どの星がどれなのかなど，ほとんど分からないのである。また，星の探し方を教わらずに，与えられた星座盤だけを持って天体

をながめても，うまく観察することができない。これでは星を見ることがいやになってしまうだけである。加えて，1等星で輝いているベガやアルタイルよりも，木星や金星等の惑星の方がより明るく輝いており，夜空を観察したときにそちらの方が目につきやすい（図12-1）。ところが，星座盤には，残念ながら惑星は記されていない。そこで，児童は混乱してしまう。教師の方も経験が少なく，そのことを全く説明せずにただ「星座盤を見て，夏の大三角を探しなさい」と言っても，児童が星を探せなくて当然なのである。また，星は時間とともに動いて見える。観察する日時によって，見える天体は違うのである。時間的・空間的な認識をもつことが難しいのは，このためである。さらに，昨今は光害といって，街灯などの街中にあふれる光によって暗い星はほとんど見えない場合が多い。そのため，1等星は探しやすい反面，その他の星は見えにくく，星座の形も分かりにくいことが多いのである。このように天体観察の学習

図 12-1　木星が目立つ写真（右下に木星　中央付近にさそり座　左上付近に南斗六星　アメリカ・フロリダにある星座カメラ i-can により日本から筆者撮影）
（参考　星座カメラ i-CAN のホームページ・閲覧日 2021 年 8 月 10 日
http://melos.ted.isas.jaxa.jp/i-CAN/jpn/index.html）

第 II 部
しっかりとした理解に基づく小学校理科指導のために

は難しい面がある。そのため，星の視聴覚教材を用いたり，プラネタリウムを見に行ったりすることで星の学習をすることも多い。

（2）学習するときのポイント

（ア）月は日によって形が変わって見え，1日のうちでも時刻によって位置が変わること

　月の観察を行う際には，時刻によって月の位置が違っていることを理解するために観察シートを用意しておくことが多い。ここでのポイントは，見えている月に近い地上の景色を記入しておくことである（図12-2・12-3）。夜間の観察は家庭学習となるが，下弦の月の頃であれば，図12-4及び12-5のように午前中に月の観察を指導することが可能である。

　また，2～3日間の同じ時刻に月を観察することで，1日でどのくらい月の位置が変わっていくのかを実感することが可能である（図12-6・12-7）。

（イ）空には，明るさや色の違う星があること

　教科書等では，典型的な星の写真を2つ挙げて，その違いを実感させることが多い。色の違いは，アンタレスの赤とベガの白を比較すると分かりやすいだろう。明るさの違いは，一緒に写っている写真の中で比較することも多い。もし1枚の写真の中に，色も明るさも違う星が一緒に写っていれば，それらを同時に理解することが可能となるが，アンタレスとベガは，実際に夜空を見ると大きく離れている。

図12-2　月1　ビルの上の月

図12-3　月2　30分後の月
（右上に移動）

図12-4　下弦の月の頃
（プラネタリウムソフト・ステラナビゲーターにより筆者作成）

図12-5　下弦の月に近付く頃　実際の月と発泡スチロールのモデル
白く見えている月の影の部分とスチロール球の白い部分・影の部分がほぼ同じであると分かる

図12-6　7月23日午後10時

図12-7　7月24日午後10時
7月23日と比べて1日で月が左下へ動いていること，すなわち，月の出が遅くなっていることが分かる

　そこで注目したいのが，はくちょう座のくちばしの星アルビレオ（図12-8）である。肉眼で見ると1つに見えるが，望遠鏡でのぞいてみると青い星と赤い星が同時に見えてくる。宮沢賢治の「銀河鉄道の夜」にも取り上げられた有名な二重星である。しかも，図12-9のように明るさの違う二重星なのである。サファイアのような5等星の星とトパーズのような3等星のきれいな星が寄り添っているように見える。

　しかし，問題は，肉眼ではこの2つの星を見ることができない点である。現在では，インターネット環境が発達しているので，アルビレオと検索すれば，

第Ⅱ部
しっかりとした理解に基づく小学校理科指導のために

多くの二重星アルビレオの写真を見ることが可能である。そこでは，明るさの違いと色の違いを実感することができると同時に，肉眼では1つにしか見えない星をいつかは望遠鏡で実際に見てみたいという気持ちを生むだろう。すぐ実体験できることは重要だが，児童の心に「いつかは実際に見てみたい」という思いが生じることも，天文学習への意欲につながってくると考えている。

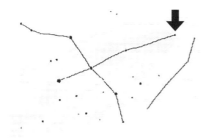

図12-8　はくちょう座（右上アルビ
　　　　レオ）ステラナビゲーター
　　　　により筆者作成

図12-9　アルビレオ（二重星）
　　　　美星天文台にて筆者撮影

【コラム】星の色と温度
　星の色は表面温度と関係がある。赤い星は，約3000℃，黄色やオレンジの星は，約4000℃〜6000℃，白い星や青白い星は，1万℃を超える場合もある。太陽は，黄色の星で，表面温度は約6000℃といわれている。

（ウ）星の集まりは，1日のうちでも時刻によって，並び方は変わらないが，位置が変わること

　並び方は変わらずに位置が変わることは，簡単に観察できそうに感じる。しかし，実際に観察してみると，星座はわずかずつしか動いて見えないために星座の位置が変わることに気付かないことが多い。すなわち，連続して観察していても，並び方が変わらずに位置が変わっていることを体験しにくいのである。これを実感するためには，時間をあけて観察することがよいと思われる。30分や1時間程度の時間をあけて観察することによって，先ほど見た星座の

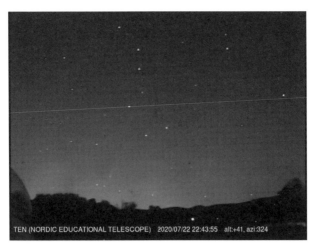

図 12-10　北斗七星と北極星・ネオワイズ彗星（左下付近に彗星の尾が見える）（スペイン星座カメラ i-CAN を日本の自宅より遠隔操作して筆者撮影）

図 12-11　図 12-10 から 30 分後の北斗七星と北極星（スペイン星座カメラ i-CAN を日本の自宅より遠隔操作して筆者撮影）

位置が変わっていることを実感できる。この場合，地上の景色をスケッチして星座の位置を確認しておくことが重要である。スケッチできない場合であっても，地上の景色との関係で，星座が動いて見えることを実感できる。

第Ⅱ部
しっかりとした理解に基づく小学校理科指導のために

② 月と太陽

（1）第6学年「月と太陽」のねらいと問題点

2017年版学習指導要領には次のように記載されている（文部科学省, 2018, p.109）。

> 月の形の見え方について, 月と太陽の位置に着目して, それらの位置関係を多面的に調べる活動を通して, 次の事項を身に付けることができるよう指導する。
> ア　次のことを理解するとともに, 観察, 実験などに関する技能を身に付けること。
> （ア）月の輝いている側に太陽があること。また, 月の形の見え方は, 太陽と月との位置関係によって変わること。
> イ　月の形の見え方について追究する中で, 月の位置や形と太陽の位置との関係について, より妥当な考えをつくりだし, 表現すること。

月の満ち欠けを理解するため, 小学校では, 地球上の自分の位置から月の観察を行うという視点（地球視点と呼ばれている）で考えることが基本とされている。しかし, 月の満ち欠けについて科学的に理解するためには, 地球視点だけでなく, 地球・月・太陽の空間的な位置関係を理解し, 宇宙から地球・月・太陽を見た視点（宇宙視点と呼ばれている）をも理解する必要があるとされている。実際, 小学校の教科書の多くの本には, 8つの月を示した図を取り上げており, 地球視点と宇宙視点の

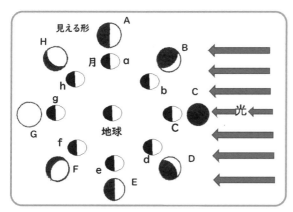

図 12-12　8つの月の図
AからHは月の見かけの形（地球視点から見た月）。aからhは月と太陽によって光っている部分と影になっている部分（宇宙視点から見た月）

両方の視点を入れている（図12-12）。

　しかし，このような図は情報量が多くなり，児童にとって意味を理解しにくい場合がある。そのため，様々な工夫によって理解を促す必要がある。例えば，部屋を暗くして，黄色いドッジボール，あるいは風船のような球に懐中電灯の光を当てて，月の満ち欠けを再現するモデル実験を行うのである。このような実験を行うことで，月が欠けて見えるのは，見ている自分（地球）と月のモデルである球と懐中電灯（太陽のモデル）の位置関係によって，月の見え方が変わってくるためであることが理解できるようになる（図12-13）。

図12-13　月の風船（バムーン）星座カメラ i-CAN プロジェクト代表　佐藤毅彦氏が作成した月の風船に光を当てたところ（ナリカから製品化されている）

　しかしながら，これらの実験や三球儀の実験での問題点は，視点の共有化がしにくい点である。すなわち，自分が見ている月の形を他の人は同時に見ることができないことである。どうしたら視点を共有化することができるだろうか。最近では，タブレット等を授業に活用できるようになったので，タブレットのカメラ機能を用いて，モデルの月を大型テレビやスクリーンに映し出すことによって，視点を共有化することが可能になってきた。児童や教師が同じ月のモデルを見ることができるため，話合いがしやすくなったといえる。

（2）視点の共有化の例

　次ページの写真（図12-14）は合成写真ではなく，1枚の縦長の写真である。暗くした理科室で，実際の球のモデル（中央）であるバムーン（月の写真

第Ⅱ部
しっかりとした理解に基づく小学校理科指導のために

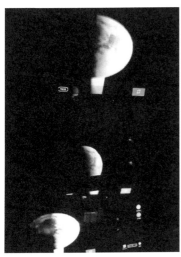

図 12-14　視点の共有化の授業（バムーンとタブレット・大型テレビを用いて）

が印刷されている月の風船）に右側からスポットライトの光を当てている。それを児童がタブレットを持って映し出しているのが下の月の映像である。タブレットの画像をワイヤレス機能で 50 インチの大画面に映し出しているのが一番上の月の映像である（テレビでは少し違って表示されている）。実際の中央のモデルを見る場合，児童らは自分の見る位置によって，それぞれが違う形の月のモデルの様子を見ているが，タブレットの位置から見える月のモデルの画面を大型画面で共有化することにより，タブレットの位置から同じ月のモデルを見ることになり，話合いがしやすくなる。現在では，このように ICT を活用した授業が可能となっている。

　また，見るだけでなく，一人ひとりが自分で操作して実験をすることも大切である。例えば，発泡スチロールを用いた月の実験（図 12-15）では，一人ひとりが 8 方向にある月のモデルを実際に観察して記録をとっていく（図 12-16）。

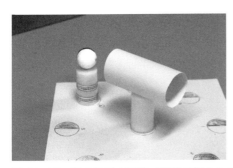

図 12-15　月のモデル実験（地球の側からのぞく）

図 12-16　月のモデル実験を行い，8 つの〇に児童が観察記録をかいた例

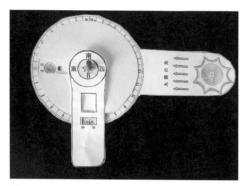

図 12-17　月の満ち欠けクラフト（筆者設計）

その他にも，月の満ち欠けクラフトについても様々なものが開発されている。ここでは，地球視点と宇宙視点を簡単に切り替えることができるクラフトを紹介する（図 12-17）。クラフトでは，自分を中心にして，見える太陽を西に，月を東にまわすことによって，満月の月が表示される。すなわち，自分から見た太陽・月の位置関係によって月の満ち欠けが分かるようになっているのである。このような使い方が地球視点による見方である。それに対して宇宙視点は，自分の目がある地点が宇宙視点となり，半分の月が表示されているのが満ち欠けしている月の横に見える。このように，地球視点と宇宙視点の切り替えを簡単に行うことができる。また，立体ではなく，平面にしたことによって，同時に数人がクラフトを見た場合，同じ月の形を見ることができ，視点の共有化も図られている。しかも，普通紙と輪ゴム 1 つによってできるため，費用はほとんどかからず，収納や持ち運びも簡単である。展開図を図 12-18 に示す。

第Ⅱ部
しっかりとした理解に基づく小学校理科指導のために

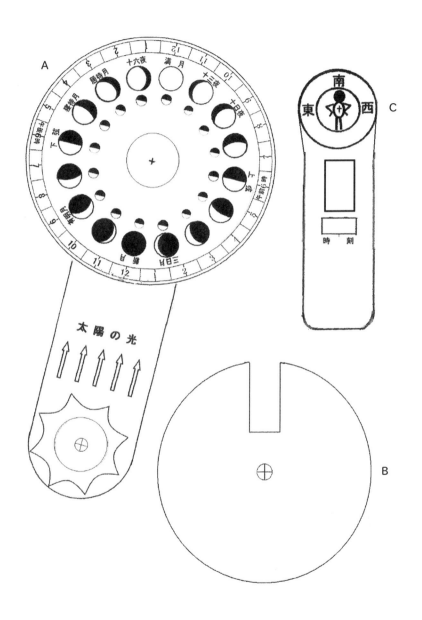

図 12-18　月の満ち欠けクラフトの展開図

【月の満ち欠けクラフトの作り方】

① 図 12-18 をコピーし，厚紙に貼る。

② 線に沿って切り，3 つのパーツに分ける。

③ 3 つのパーツの十字の中心に穴をあける。

④ 図 12-17 のように A のパーツ，B のパーツ，C のパーツの順に上に
重ねる。

⑤ 輪ゴムを十字の中心にあけた穴に通し，両端を結んで 3 つのパーツを
固定する。

⑥ 完成！

図 12-19　太陽表面の観察

　月の満ち欠けの学習は，理解が難しい面があるが，現在では様々な工夫によって，克服することができる。また，太陽や月の学習では，太陽や月の表面の学習も行うが，これにはＩＣＴを活用した学習が適している。図 12-19 では，タブレットを用いて，国立天文台（三鷹）で撮影された太陽表面の様子を一人ひとりが観察している様子である。GIGA スクール構想によって，天文学習の新たな可能性を見いだすことができる。

附記　「月の満ち欠けクラフト」は，2021 年 11 月 18 日全国小学校理科研究協議会（全小理）第 8 回開発教材コンテストでケニス賞を受賞した。
「児童全員が作って理解する月の満ち欠けクラフト」

引用・参考文献

ほっしーえいじ（松本榮次）・新井しのぶ・白石恵里（2021）：冬の宇宙（そら）への旅—オリオン座とその周辺の天体—，三惠社

ほっしーえいじ（松本榮次）・新井しのぶ・白石恵里（2020）：夏の大三形のひみつ，三惠社

山下芳樹，平田豊誠　編著（2018）：初等理科教育，ミネルヴァ書房

文部科学省（2018）：小学校学習指導要領（平成29年告示）解説理科編，東洋館出版社

学習の課題

1　授業の中で観察，実験の行いにくい天文分野の学習をどのように工夫して授業を組み立てるとよいか考えてみよう。

2　夜12時，東の空に月が見えた。どのような形の月が見えるだろうか。
　　図12-18のクラフトのモデルを用いて考え，次の中から選ぼう。
　　①新月　　②上弦の月　　③満月　　④下弦の月

3　児童1人が星座盤を見ながら天体観察を行っても，天体を見つけることが難しい理由を3つ以上あげよう。

【さらに学びたい人のための図書】

慶応義塾大学インターネット望遠鏡プロジェクト編（2016）：インターネット望遠鏡で観測！現代天文学入門　森北出版株式会社
　⇒宇宙入門に最適な書。

米山忠興（1998）：教養のための天文学講義，丸善出版
　⇒天文学に関する教養が身に付く書。

鈴木文二，洞口俊博編（2015）：あなたもできるデジカメ天文学—マカリパーフェクトマニュアル，恒星社厚生閣
　⇒無料ソフト「マカリ」が分かる書。

（松本榮次）

CHAPTER 13 理科の先生のためのヒント集

（1）気体検知管と気体測定器の使い分け

　第6学年「燃焼の仕組み」の学習では，気体検知管を実際に利用するため，その使い方もあわせて学ぶ（図13-1）。一人ひとりが交代で気体検知管を使って実験する必要があるだろう。ところがこの気体検知管は，酸素にしても二酸化炭素にしても高価な上に使い捨てなのである。限られた理科の消耗品費の中でどのように実験をしていくかは実践上重要な問題となる。これに対して，デジタル気体測定器は最初に購入するときこそ高価であるが，一旦購入すれば消耗品もなく，酸素や二酸化炭素の濃度を測定することができる（図13-2）。

　したがって，この2つをいかに使い分けるかが重要となってくる。しかも，気体の測定の実験は，第6学年の「人の体のつくりと働き」「植物の養分と水の通り道」においても行うため，気体測定器を併用していくことも選択肢の1つとなろう。

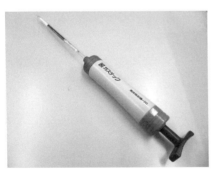

図13-1　気体検知管と気体採取器

図13-2　デジタル気体測定器

第Ⅱ部
しっかりとした理解に基づく小学校理科指導のために

② アブラナの花の分解
—第5学年「植物の発芽，成長，結実」—

　花のつくりの学習では，ピンセットでアブラナの花のがくや花びらを外しながら，花のつくりを観察することが推奨されている。しかし，実際に観察するだけでは，花びらやがく，おしべやめしべの仕組みが記憶に残りにくい。そこで，一人ひとりがアブラナの花をピンセットで分解するとともに，それを記録に残せるように黒の画用紙（6 cm – 15 cm程度の長方形）に貼り付けていく（図13-3）。黒の画用紙の上にピンセットで，めしべ1本・おしべ6本・花びら4枚・がく4本をきれいに並べていき，透明粘着テープで上からとめる。一人ひとりが実際に作成することで，それぞれの花の部品がいくつずつあるのかが視覚的・体感的に理解できる（第11章も参照）。

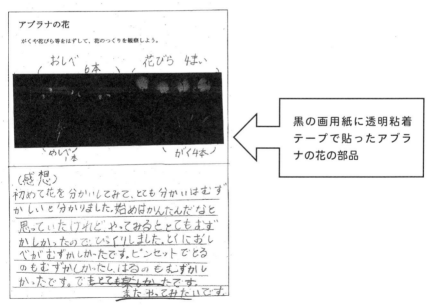

黒の画用紙に透明粘着テープで貼ったアブラナの花の部品

図13-3　児童がアブラナの花を分解して観察記録を書いたノート例

3 溶けると混ざるの概念の違い
─第5学年「物の溶け方」─

　5年「物の溶け方」の学習をしていると，塩が溶けた水溶液を児童が見て，「塩が混ざった」と表現する場合が多い。「物が混ざる」という概念と「物が溶ける」という概念の違いを理解できていないのである。そこで，「物の溶け方」の導入として，この概念の違いを意識する実験を行うことを心がけた。まず，4人ぐらいのグループに分かれ，一方のビーカーに運動場や畑の土といっしょに水を入れ，もう一方のビーカーには塩と水を入れ，それらをガラス棒（かき混ぜ棒）等でかき混ぜて溶かしてみる。すると，塩の方は溶けて見えなくなるのに対して，土を入れた方は，水に溶けず水と混ざった状態となる。これを見比べることによって，はじめて「溶ける」ことと「混ざる」ことの意味の違いを体感的に理解することができる（図13-4）。このような実験は，教科書通りに授業を行っているときに気付いた問題点から発想することが多い。大事なことは，児童が学習している状況を見て，問題点があれば，それをどのように解消していくかを教師が考えて工夫していくことである。「物が水に溶ける」とは，①すき通っている。②物が均一に広がっている。③時間が経過しても，溶けたものは水と分かれないことの3つである（第6章も参照）。

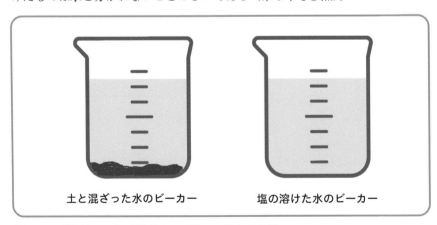

土と混ざった水のビーカー　　　　　塩の溶けた水のビーカー

図13-4　「溶ける」と「混ざる」の違いの分かる実験

第Ⅱ部
しっかりとした理解に基づく小学校理科指導のために

4 種子を題材とした学習—各学年の植物の学習から—

小学校の6年間では，いろいろな植物を育てる学習を行う。また，第5学年では，種子の発芽の学習もある。そこで，4月の植物を植える前に，いくつかの種子についての観察を行っておくと，学習した後の秋の時期にそれらと比べる観察ができるだろう（図13-5）。まず複数の種子をグループごとに観察して，何の種子かを考えるところから，学習はスタートする。育てたことがある種子でも，忘れている場合もあるだろう。

また，第4学年では，ヘチマを育てる場合もある。ヘチマは，秋には大きく実ができて種子を数える学習も行うことができる。数が多いので，実際にグループに1個のヘチマを分けて種を数えたら，全部で500を超えるものもあった。児童らは，その数の多さにびっくりし，自然のすごさに驚くとともに，そこから実際に育つ種子は少ないことから，ヒトの誕生について振り返っている児童もいた。（第11章も参照）

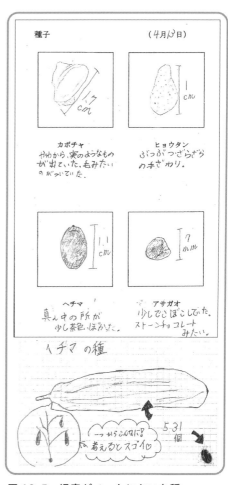

図13-5　児童がノートにかいた種

5 チョウの成長——第3学年「身の回りの生物」——

　第3学年では，チョウを育てることが多い。モンシロチョウやアゲハチョウなどの卵や幼虫を見つけ，食草と一緒に飼育箱などに入れて育てる。モンシロチョウの幼虫はキャベツ，アゲハチョウはミカン系の植物に卵を産み，幼虫がそれを食べて育っていく。したがって，何の幼虫かによって，幼虫が食べる食草が違うことに気を付ける必要がある。ツマグロヒョウモンというチョウの場合は，オレンジ色が入っており，幼虫も珍しい色をしている。アゲハチョウに大きさが似ていることから，ミカンの葉を入れている場合があったが，ツマグロヒョウモンの幼虫は，スミレやパンジーが食草なので注意を要する。要するに，児童らが教室に持ちこんでくる幼虫が，何の幼虫であるか見極めて，飼育をしなければならないのである。幸い最近では，インターネット等で検索すれば，すぐに幼虫や食草の写真やいろいろな情報がでてくるので調べやすくなってきた。

　チョウの学習では，卵→幼虫→さなぎ→成虫の4段階で成長することを学ぶ（図13-6）。これを単に見るだけで学習するのではなく，低学年では体を使いながら学習することが効果的である。すなわち，進化ゲームというゲームを行うのである。最初は，児童が体を小さくして卵になり，相手を見つけてジャンケンをする。勝てば，座ったまま手を伸ばし，幼虫の格好になる。同じ格好をした人を探してジャンケンをする。勝てば，立ち上がり，手を合わせてさなぎの状態になる。同じさなぎの状態の人を探してジャンケンをする。勝てば，手を広げて成虫となり，成虫で勝てば，ゲーム終了となる。このようなゲームを行うことで体感的に理解できるようにすることも1つの工夫となる。

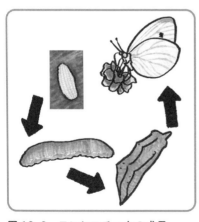

図13-6　モンシロチョウの成長

6 校内樹木のオリエンテーリング

生活科や理科では，校内の自然環境の中で学習する内容がある。学校の敷地を歩き回ってみると，樹木が植えられている学校が多い（もちろん各学校の状況によって，樹木が少ないところもある）。これらの樹木は，児童にとって身近な存在であり，学習に活用するとよいだろう。

第4学年では，季節の違いなどを捉える学習を行う。校内をめぐる樹木のオリエンテーリングをすることによって，校内の自然と向き合う導入になればよいと考えた。

低学年向きには写真を中心としたオリエンテーリング，高学年向きには文章を中心としたオリエンテーリングを作成した。中学年向きには，写真と文章を用いて，クイズ形式のオリエンテーリングとした（図13-7）。

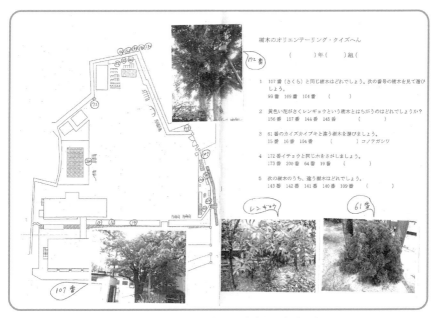

図13-7　校内樹木のオリエンテーリングクイズ（中学年向き）

⑦ メダカの血液の流れを観察しよう
―第6学年「人の体のつくりと働き」―

　第6学年「人の体のつくりと働き」では，血液の流れの観察を行うために，生きたメダカをチャック付きのポリエチレン袋に水と一緒に入れて観察する場合がある。しかし，生きたメダカをわずかな水の中に押し込めるため問題もある。苦労してピントを合わせても，メダカのわずかな動きで血液の流れが見えなくなってしまうことが多い。また，身動きのしにくいところにしばらく入れられるため，メダカが弱ってしまう。そのため，実際に血液の流れを見ることができた児童とできなかった児童に分かれてしまう。そこで，どうすれば全員が血液の流れを見ることができるのだろうかと考えた。第5学年では，メダカの卵の観察があり，学校ではメダカを育てている。そこで，メダカの卵の観察を，「人の体のつくりと働き」でも実施してみた。すると，顕微鏡から見た卵の中では，メダカの心臓がバクバクと動いているのがよく分かり，血液の流れ

図13-8　メダカの卵

**図13-9　持ち運びで
　　　　きる双眼実
　　　　体顕微鏡**

ている様子もよく見えるのである（図13-8）。しかも，大人のメダカと違って，卵はじっとしているため，複数の児童が交代で観察してもずっと見続けることができる。水の中にある卵を見るため，卵が弱ってしまうこともほとんどない。6年生に理科の授業の感想を求めたとき，実際にメダカの心臓が動き，血液が流れている様子を見たことが心に残ったと書いている児童が多かった。それだけ，児童にとってこの観察はインパクトがある。現在では，双眼実体顕微鏡によって両目で観察できることも，立体的に見ることの助けとなり，実感を伴った観察が可能となっている（図13-9）。

　第Ⅱ部
　しっかりとした理解に基づく小学校理科指導のために

8 心臓の音を聞く装置

　第6学年「人の体のつくりと働き」では，心臓の音を聞いたり，脈拍を計ったりすることがある。最近では心音器といって，心臓の音を大きく鳴らすことができる装置もある（図13-10）。これを利用すれば，これまで各自が聞いていた心臓の音を全員で聞くことができるため，いわば音の共有化が図れる。また，実験用の聴診器も安くなってきた。1つ1000円前後で購入できるので，10個程度あれば，交代で使用することもできる（ただし，衛生面や安全性に配慮する必要がある）。また，手作りの聴診器で心臓の音を聞くという経験も面白いかもしれない（図13-11）。

図13-10　心音器

図13-11　手作り聴診器

簡単な聴診器の作り方

①直径10cmぐらいのじょうごを手に入れ，じょうごの丸いところに15cm四方のトレーシングペーパーを粘着テープで貼り付ける。

②内径15mm程度のチューブ50cm程度をじょうごに差し込んで出来上がり。

　手作り聴診器は1つ200円程度で，作成にも時間がかからないという利点がある。

---

9 ALCAT（Astronomy Live Camera And Telescope）の活用

　昼の授業中には天体観測が難しいため，視聴覚教材やプラネタリウムソフトなどを利用して学習する場合が多い。また，社会見学等で博物館のプラネタリウムへ行き，全員で見る活動を行っている場合もある。しかし現在ではICT化が進み，リアルタイムで天体観測ができる方法も生まれている。すなわち，日本は昼であっても地球の裏側にある星座カメラやインターネット望遠鏡等を活用すれば，昼の授業中にリアルタイムの天体観測も可能となる。これらの星座カメラやインターネット望遠鏡等をALCAT（Astronomy Live Camera And Telescope）と呼んでいる（図13-12）。遠隔操作をすることができるが，

実際の観測のために天候に左右されたり，故障していたりする場合もある。そこで慶応義塾大学インターネット望遠鏡では，遠隔操作を前提にトレーニングモードという練習モードが設定されている。これを活用すればリアルタイムではないが，本番さながらの操作を体験することができる。これらは天候に左右されずに用いることができ，予約なしで誰でも使用可能である（第12章も参照）。

図13-12　インターネット望遠鏡の操作画面　メインスコープで木星を捉えている

10 気温を毎日測定するには
―第4学年「天気の様子」から―

　第4学年では百葉箱の中を調べ，継続的に気温の記録をとる学習を行う。どの学校でも，その授業では百葉箱の中を開けてどうなっているのかを見る。しかし管理上百葉箱はカギをかけているため，毎日百葉箱を開けて気温の記録をとることは難しい。そこで実際は教室の中に温度計をおき，教室の温度を記録することもある。しかし気温といった場合は，日陰で風通しのよい，地上から約1.5mのところの温度を意味するため，学校の気温を測る場合は，正式には百葉箱の中の温度を測りたい。そこで，実際に継続観察するための道具を紹介する。百葉箱の中にワイヤレスデータロガーという機械を設置することで，百葉箱の中の気温を無線で送り，ポータブルデータロガーというハンディ型の機械により，その気温のデータを教室で受信することができるようになる（図13-13，図13-14）。実際に筆者が実践したところ，1年間継続して気温の記録をとることができた。児童が交代で記録をとることにより，どの児童も実践に携わることが可能であった。直線距離で100mぐらいまでという条件はあるものの，教室から難しい場合は廊下から測定するなどの工夫をすることで観察を続けることができた。このようにICTを活用することで，百葉箱の気温を測定することもできる。最近では，Bluetooth接続等でもできるようである。科学の進歩を積極的に生かしていきたいものである。

図13-13　百葉箱の中のワイヤレスデータロガー

図13-14　ポータブルデータロガー

11 メダカを増やすには？—第5学年「動物の誕生」—

　第5学年「動物の誕生」では，メダカを継続飼育し，卵を観察する学習も行う。通常メダカは水草などに卵を産み付ける。受精していると，水草に産み付けられた卵から10日程度でメダカが生まれてくる。しかし卵はそのままだと大人のメダカに食べられる場合もあるため，別の場所で保管しておく方が安全である。水草に産み

図 13-15　水面の産卵床

付けられた卵を見つけたり，採取したりするのはやや難しい。そこで，メダカ用の産卵床を置いておくと便利である（図 13-15）。メダカ用の産卵床はホームセンター等でも販売しているが，1つ数百円ぐらいはするため，簡単な産卵床を作ってみた。フライパン等をきれいにするコゲ・サビとりクリーナーやぶつかり防止クッション

**図 13-16　セット販売
の産卵床**

を活用すると，安価にたくさん作成することが可能である。最近では，格安で産卵床用のセットを販売している場合もある（図 13-16）。これらは100円均一ショップで売っているので，ぜひ自作してみたい。

簡単な産卵床の作り方

①コゲ・サビとりクリーナー（図 13-17）に切れ込みを入れる。

②ぶつかり防止クッション（図 13-18）をハサミで切り，そこに切ったクリーナーをねじこみ，輪ゴムでとめる（図 13-19）。

**図 13-17　コゲ・サビと
りクリーナー**

**図 13-18　ぶつかり防止
クッション**

図 13-19　自作の産卵床

第Ⅱ部
しっかりとした理解に基づく小学校理科指導のために

12 小学校理科におけるプログラミング教育

2017年版小学校学習指導要領からプログラミング教育が導入された。児童がプログラミングを体験しながら，論理的思考力を身に付けるための学習活動を教科等に位置付けて実施することになった。

小学校理科では，第6学年「電気の利用」において日常生活や社会と関連させてプログラミング教育を実施することが可能である。エネルギー領域の下位概念である「エネルギー資源の有効利用」の観点から電気を有効に使うことを目的にプログラミングを取り入れたものづくり活動が考えられる。例えば，「電気を無駄にしないように，人がいるときだけ明かりがつくようにしたい！」という児童の考えのもと，人感センサーを用いて，電源のオン／オフを制御できるよう回路を組んだり，プログラミングしたりする（図13-20）。また，ものづくり活動の中で，「明るい昼間に電気がつくと，かえって無駄になるのではないか？」と，新たな問題意識をもったならば，明るさセンサーを用いて，暗いときだけ明かりがつくようにプログラムを修正することもできるだろう。

児童の考え（ニーズやウォンツ）を出発点として，実際に計画を立ててプログラミングし，試した結果によっては改善するといった「試行錯誤」を大切にすると学びが深まる。「こんなものが作れたらいいな！」とワクワクしながら，児童も教師もプログラミングを楽しむとよいだろう。

図13-20　プログラミングのフローチャート例

プログラミング教育については，以下の資料やサイトに基本的な考え方や教材，実践事例が掲載されている。ぜひ参考にしてほしい。なお，あくまで本執筆時の情報提供であるため，今後，文部科学省から示される最新の情報に留意したい。

●小学校プログラミング教育の手引

https://www.mext.go.jp/a_menu/shotou/zyouhou/detail/1403162.htm

●小学校を中心としたプログラミング教育ポータル

https://miraino-manabi.mext.go.jp/

●小学校プログラミング教育に関する研修教材（文部科学省）

https://www.mext.go.jp/a_menu/shotou/zyouhou/detail/1416408.htm

●小学校プログラミング教育に関する指導案集（文部科学省）

https://www.mext.go.jp/a_menu/shotou/zyouhou/detail/1421730.htm

引用・参考文献

松本榮次（2021）：校内樹木のオリエンテーリングをしよう，理科総合大百科 2021，少年写真新聞社，pp.166~171

慶応義塾大学インターネット望遠鏡プロジェクト

http://arcadia.koeki-u.ac.jp/itp/（閲覧日 2021 年 8 月 12 日）

松本榮次（1 ～ 11）

小川博士（12）

第III部

授業実践力の向上のために

目標とルーブリックを明示した 形成的評価による学習

① 形成的評価とは何か

（1）評価の種類と形成的評価

　「評価」と聞くと，小・中・高校・大学で学期ごとに受け取る通知表や成績評価表（多くは5段階の絶対評価）を思い浮かべると思う。それらは主に教育活動の成果や学習者の能力の測定としての評価であり，ある種の価値判断が含まれている。もちろん，それらも評価に違いないが，教育活動において行う評価には，表14-1のように「診断的評価」「形成的評価」「総括的評価」の3つがある。このうち上記の通知表などの成績評価は「総括的評価」といえる。

　本章では，このうち「形成的評価」を中心に解説していく。形成的評価とは，教育実践において到達目標に応じた成果が得られたかどうかを判断する評価である。また，指導の軌道修正や個々の学習者への指導方針の設定，学習環境の改善などの以降の活動に活用することを目的として，学習活動の途中で実施される評価であり，授業実践では重視されている（藤江, 2007）。

（2）学習環境では評価中心

　米国学術研究推進会議は学習環境がもっている4つの要素を提言している（Bransford et al., 2000）。それは図14-1のようなベン図で示される「学習者中心」「知識中心」「評価中心」という3つの視点と，それらを包む「共同体中心」を含めた合計4つの視点である。同書の記述に基づき，この4つについて解説する。

　「学習者中心」とは児童を放任することではなく，例えば，児童の誤概念を注意深く診断し，児童が間違った考えを修正できるように支援する学習指導を指している。

表 14-1　学習評価の実施時期と機能　　　（藤江，2007，p.163 をもとに筆者再構成）

名　称	実施時期	機　　能
診断的評価	教育活動の開始前	学習を進めるための準備状態（学習の前提条件）が備わっているかどうかを把握するために行う。学習指導計画の立案・補充指導に役立てることが目的。
形成的評価	教育活動の途上	目標に応じた評価が得られているかを把握し，判断する評価のあり方である。以降の活動に活用することを目的として行われる。フィードバックを重視する。
総括的評価	教育活動の後	教育活動を全体として振り返ることを目的として行われる。教育活動の成果に関する価値判断を重視する。

「知識中心」とは断片的な知識量ではなく，例えば，子どもたちが深い理解を伴う学習をし，生きていく上でその知識を使えるような知力をもつように支援することである。

「評価中心」とは総括的な評価をして子どもたちの能力を判定するのではなく，例えば，教師と子ども双方が学習成果を捉えられるように形成的評価の機会を準備し，子どもたちが即時的にフィードバックを得られるように支援することである。米国学術研究推進会議では，この「評価中心」を重視している。

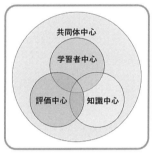

図 14-1　学習環境のデザインにおける 4 つの視点

（Bransford et al., 2000, p.134 をもとに筆者再構成）

「共同体中心」とは，子どもたちが協働的に聞き合い，学び合うような教室文化を作り上げることも必要であるが，そればかりでなく博物館など地域や学校外の人的資源の活用なども含めた学習支援を行うことである。

そして何よりも，以上の 4 つの視点が相互に連携し合ってこそ，優れた学習環境デザインが可能になるのである。例えば，ある学級では 4 つの連携がうまく機能していても，隣の学級との連携がとれていなければ，「共同体中心」の視点が欠如していることになり，学習環境が整備できたことにはならない。そして，優れた教授法と表裏一体なのが評価であるため，「評価中心」の視点が

重要なのである。

（3）授業実践では形成的評価が中心

　前項（2）では，学習環境のデザインには「評価中心」が最も大切であることを述べた。そのうち授業実践の改善に向けては，「形成的評価」によるフィードバックが重視されている。このフィードバックには，学習者へのフィードバックと，授業者自身の授業改善へのフィードバックがあり，それぞれ次の学習方法や授業方法の改善に生かされていく（図14-2）。この図14-2は，OECD CERI（2010, p.161）の「アセスメント（評価）は教授と学習の間を架橋する」という報告に基づいて筆者が作成したものである。図14-2から「形成的評価」はいわゆる「指導と評価の一体化（目標も含めて）」を具現化したものであり，近年我が国では研究の蓄積が進められつつある。ちなみに，「アセスメント（Assessment）」は，どちらかといえば児童・生徒に寄り添うような評価であり，「評価（Evaluation）」は，どちらかといえば価値判断の意味合いで使われることが多い。本書では両者を明確に区別しないが，「アセスメント」に近いといえる。

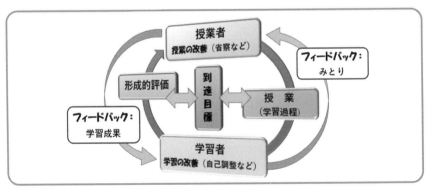

図 14-2　形成的評価とそのフィードバックを重視した学習プロセス

（4）形成的評価と「到達目標」や「評価規準」との関わり

　2002 年頃から学校教育では，これまでの相対評価（評定の各段階の割合は

第III部
授業実践力の向上のために

決まっていて集団内の優劣に応じた評価：入学試験など）が，絶対評価（各段階の割合は任意で到達度に応じた評価：運転免許など）に変わった。そのため，絶対評価（到達度評価）を行うには，ここまでできれば児童の学力が付いたといえるという到達度を明確にする必要がある。つまり，単元や授業案ごとに「到達目標」や「評価規準」を設定する必要が出てきたのである。学習指導要領には単元ごとに到達目標や育てたい資質・能力が記載されている（第 2 章を参照）。また，毎時の授業ごとの評価規準は，各教科書会社の教師用指導書や Web サイト上におよそ掲載されているため，それらを参照すればよい。しかしながら，観点別学習状況の評価の 3 観点（知識・技能，思考・判断・表現，主体的に学習に取り組む態度）の評価規準（criterion）[1] はどちらかというと質的なものであり，その目標に到達したかどうかの判断は，評価者によって異なる可能性が否めない。

（5）形成的評価と「評価基準」の関わり

　評価基準（standard）[2] は，「評価規準で示された目標を，学習者がどの程度達成したかを量的な尺度によって把握し判断する目安となるものである…（中略）…具体的に判断するための分割点が設定される（たとえば，『小数の計算が 70 ％できる』など…（後略）…）」のように解釈される（藤江，2007，p.174）。しかし，「知識・技能」については評価しやすいが，より高次の知的機能である「思考・判断・表現」などは，単純な正誤では判断できないため評価しにくい。そこで，具体的な評価指標である「ルーブリック：rubric」が登場し，学習者のパフォーマンス（作品や表現など）に対して，質的な違いを基準として評価するようになってきた。表 14-2 のように，ルーブリックでは 3 段階で設定されることが多い。

1・2　評価規準と評価基準はどちらも「きじゅん」と読むため，区別が必要な場合は，「のりじゅん」（規準）と「もとじゅん」（基準）と読み，違いを表す。

表 14-2　ルーブリックの例　　　　　　　　（稲垣・鈴木，2015, p.83 をもとに筆者再構成）

A（十分満足できる）	B（おおむね満足できる）	C（努力を要する）
ものの溶け方に違いがあることを理解し，食塩とミョウバンの溶ける量が水の量や温度に対して，それぞれ（ミョウバンと食塩）どう変化するかを正確に区別して述べている。	ものの溶け方に違いがあることを理解し，水の量や温度と関係があることに気づいている。	ものの溶け方に違いがあることを表から読みとることができない。

　小学校 5 年「ものの溶け方」を扱う単元では，ものが水に溶ける量には限りがあり，それ以上溶かす方法には，水の量を増やす方法と，温度を上げる方法がある。これを調べる実験を行い，実験結果をまとめた表から読みとって記述させる。
　例えば，「食塩は水の量を増やすとよく溶けるが，水の温度を上げても溶ける量はあまり変わらない」と記入があり，さらに，
　「一方，ミョウバンは水の量を増やすとやはり溶ける量は増えるが，温度を上げると急激によく溶ける」とあればA評価となる。

2　形成的評価を用いた授業開発

(1)　到達目標と評価基準・課題の設定

　第 6 学年では，育成すべき資質・能力のうち「思考力，判断力，表現力等」については，主に「多面的に調べる活動を通して，自然の事物・現象を追究する中で，より妥当な考えをつくりだし，表現する力」を育成することをねらいとしている。つまり，第 6 学年の生命・地球領域における「人の体のつくりと働き」「生物と環境」「土地のつくりと変化」の各単元でも，「妥当な考えをつくりだし，表現する」ことが求められているといえる。このうち「土地のつくりと変化」では「化石をふくむ地層」を学ぶが，そこには児童の興味を引く恐竜化石などの写真が掲載されている（図 14-3）。しかし，過去にこのような生物（古

図 14-3　フクイラプトル（中生代白亜紀）

（福井県立恐竜博物館で筆者撮影）

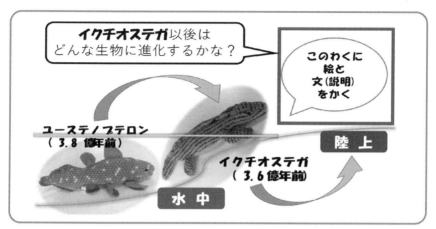

図14-4　パフォーマンス課題（化石・古生物）：小学校第6学年

(名倉・松本，2018による中学校第1学年用を小学校第6学年用に筆者改題)

生物）が生存していたという事実だけが記載され，「その生物がどのように進化してきたのか」という時間的視点による説明は省略されている（「進化」は中学校で履修）。そこで，より多面的に考える力をつけるためには，先述した3つの単元を統合した評価課題が有効であると考えられる。つまり，古い地層から出てくる化石に見られるような生物は，「どのようなつくりの進化が起こったのか」について妥当な考えをつくりだし，表現する課題を設定した（図14-4）。この課題は「脊椎動物が水中から陸上へと進化したとき，どのような形態に進化しただろうか」について，当時の「環境と関連付けて絵と文で表現する」ことを意図したものである。地質学者が発見した図14-5のような化石の断片から過去の生物の全体像を推論し判断するのと同様に，答えは1つではない。古生物学では化石証拠（地層を含め）と当時の環境から考えてもっとも妥当な推論が採用されるのである。このように日常生活や社会で使える「思考

図14-5　両生類の化石（古生代デボン紀）

(大阪市立自然史博物館で筆者撮影)

力，判断力，表現力等」の資質・能力を育成できる課題をパフォーマンス課題という。この課題によって，地球・生命領域の「生物のつくりと働き」や「生物と環境」について，多様性・共通性・時間的視点で多面的に考察させることができる。

次に，この評価課題の「到達目標」を表 14-3 のように 2 つ設定した。さらに，このパフォーマンス課題を評価するため，表 14-3 の「到達目標」に基づき，表 14-4 のように 3 段階でルーブリックを設定した。

表 14-3　小学校第 6 学年地球領域（化石・古生物）におけるパフォーマンス課題の到達目標

(何世代もの長い時間をかけて，水中から陸上に上がったとき) ①　まわりの環境（陸上）のようすを，2 つ以上表現している。 ②　その環境によって変化した体のつくりを，2 つ以上表現している。

表 14-4　ルーブリック：小学校第 6 学年地球領域（化石・古生物）

段階	評　価　指　標
A	表 1 の「到達目標」の①・②のうち 2 観点とも含まれ，それぞれについて，環境と体のつくりを関連付けて理由を説明している（例：2 つの形態の変化と，それに関連付けた 2 つの環境の記入があれば A）。
B	①・②のうち 1 観点以上が含まれていて，その 1 観点について，環境と体のつくりを関連付けて理由を説明している（例：1 つの形態の変化と，それに関連付けた 1 つの環境の記入があれば B）。
C	①・②のうち 1 観点以上が含まれているが，環境と体のつくりを関連付けて説明していない（例：形態の変化は複数描かれているが，それに関連付けた環境が描かれていないと C）。

（3）「形成的評価」を中心においた授業デザイン

表 14-3 の「到達目標」にあるように，この授業のねらいは，脊椎動物が水中から陸上へ進出した際，どのように環境へ適応して体のつくりが変化していったかについて考え，「生物の環境への適応」という基本的な進化概念を習得することである。なお，これらのパフォーマンス課題・到達目標・ルーブリックは，中学校第 1 学年用を小学校第 6 学年用に，簡易版として改題したも

のである。

　授業では図14-6のような学習プロセスを実施する。つまり，このプロセスではパフォーマンス課題の到達目標やルーブリックを児童に示しながら，最初は「絵」だけで表現するように指示する。その後，できた作品（途中でも構わない）を自己評価した後に回収する（第1時限）。「教師による評価」後，次時に返却することで，児童にフィードバックを与える。このとき，数点の優れた「作品の発表」や，児童同士が交換して「相互評価」することによって，自身の作品の足りない部分を，ルーブリックや到達目標を見ながら気付かせる。次に，その足りない部分の「作品再考」の機会を設ける。その後，「絵」の生物に描かれた体のつくりと環境の関連を「文」で説明させる。最後に，自己評価した後に再度回収し，「教師による評価」をする（第2時限終了）。この間，児童は到達目標やルーブリックをたえず確認し，自己調整しながら作品づくりをすることになる。このように「形成的評価」の要素を盛り込むようにするのである。

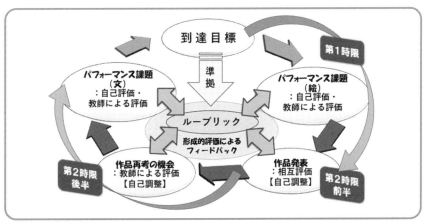

図14-6　「形成的評価によるフィードバック」を重視した「目標と指導と評価の一体化」による授業デザイン　　（名倉・松本, 2018 をもとに筆者再構成）

（4）パフォーマンス課題の回答事例

　脊椎動物の「水中から陸上への進化」を表現するパフォーマンス課題（図
14-4）の回答事例を図14-7に示した（中学校第1学年で実施したもの）。A
評価の作品（図14-7の左上と右上）については，それぞれ進化した動物の体
のつくりが絵で詳しく描かれている。その形態と環境との関わりについても2
つ以上記入されている。特に，ユーステノプテロン（図14-8）のひれが四肢
に進化し，陸上をしっかり歩けるように描かれ，それぞれ環境と関連付けなが
ら，体のつくりの変異を表現している。これは，作品の発表などで「形成的評
価」を導入したことが要因と考えられる。

図14-7　パフォーマンス課題の回答事例（中学校1年生による作品）
それぞれ「形態の変化」は複数描かれているが，左下の作品の環境は「草原」のみでB評
価。右下の作品の環境は「描かれていない」ためC評価。左上と右上はA評価。

第Ⅲ部
授業実践力の向上のために

図 14-8　ユーステノプテロン（シーラカンスと同じ肉鰭<ruby>類<rt>にくき</rt></ruby>）の化石（古生代デボン紀）

（大阪市立自然史博物館で筆者撮影）

③ おわりに

　第Ⅱ部第 7 章「生命領域で知っておくとよい概念」では，冒頭で「生きているとはどういうことか」という問題提起をしておきながら，答えを保留した。生物学者の見解によると，生物の定義は「細胞でできている」「呼吸や光合成などの代謝によってエネルギーをつくり不要物を排出する」「自己複製と増殖を繰り返す」の 3 点である。この 3 つの基準に照らすと，大腸菌（図 7-9）などの細菌（0.003mm 程度）は「生物」であるが，細菌の 10 ～ 100 分の 1 にすぎないウィルスは細胞がなく「代謝」も行わないので生きているとは見なされない。そのため，一般には「無生物」とする学者が多い。ウィルスは DNA または RNA（多くは 1 本鎖）という遺伝情報をもつ微小な「物質」の塊である。しかしひとたび，ヒトなどの細胞などに忍び込み寄生すると，自己複製を繰り返し，わずかな年月で変異する。宿主細胞内の環境で，自己増殖しやすいように遺伝情報を変化させてゆく（適応進化）。そのため，ウィルスを生き物として扱う学者もあり，意見の食い違いから「生物」と「無生物」の間とされてきた。脊椎動物（2 本鎖 DNA）が何億年もかけて形態が進化してきたことに比べると，進化速度はかなり速い。

　TIMSS2007 の「なぜ鳥は生き物で，雲は生き物でないのか」について 2 つの理由を挙げて答えよとする課題で，日本の小学校 4 年生は正答率 9.9 ％（国際平均 25.1 ％）であった。TIMSS2019 において生物と無生物を見つける類似

の課題では正答率37％（国際平均30％）であった。2017年版の学習指導要領では，生命領域の見方・考え方として「共通性・多様性」を重視したが，この改善には「形成的評価」の導入がもっとも効果的と思われる。

引用・参考文献

Bransford, J. D., Brown, A. L.& Cocking, R. R.（2000）：*How people learn : Brain, mind, experience, and school*, National academy press, 森敏明・秋田喜代美監訳，授業を変える―認知心理学のさらなる挑戦，北大路書房

藤江康彦（2007）：授業における学習評価のあり方と方法，秋田喜代美編著，授業研究と談話分析，第12章，放送大学教育振興会，pp.161-185

稲垣忠・鈴木克明編著（2016）：授業設計マニュアルVer.2―教師のためのインストラクショナルデザイン，北大路書房

名倉昌巳・松本伸示（2018）：形成的評価を加味したパフォーマンス課題を取り入れた理科授業開発，理科教育学研究，58（4），pp.355-365

OECD CERI（2010）：*The Nature of Learning*：Using Research to Inspire Practice, 立田慶裕・平澤安政（監訳）：学習の本質―研究の活用から実践へ，明石書店

学習の課題

1. 生物と無生物の相違点を考えてみよう。例えば，なぜ鳥は生き物のなかまで，雲は生き物のなかまでないのかについて，いくつか理由を挙げてみよう（TIMSS2007・2019調査を改題）。

2. 図14-4のパフォーマンス課題で，「ユーステノプテロン⇒イクチオステガ⇒自分の想像した動物」の進化のストーリーを「文」で表現してみよう。表14-4の「ルーブリック」で評価してみよう（判断が難しい場合は複数人で評価し合い，一致率70％以上の評価を採用，それ以下の場合は再評価し直す）。

【さらに学びたい人のための図書】

稲垣忠・鈴木克明編著（2016）：前掲
　⇒ARCS動機づけモデルなどのID理論が平易に解説され，教室での教師による指導場面も追加され（Ver.2），学習指導案の作成や評価・授業開発に活用できる。
　※ARCSとはそれぞれ「A注意・R関連性・C自信・S満足感」を表し，その4つの動機づけによって学習意欲を高めようとするID（Instructional Design）理論である（IDとは効果的・効率的・魅力的に指導法をデザインすること）。

Wiggins, G. & McTighe, J.（2005）：Understanding by Design, Expanded 2nd ed., ASCD, 西岡加名恵訳：理解をもたらすカリキュラム設計，日本標準
　⇒高次の学力を目標においた真正の評価論に基づくカリキュラム設計の方法論について，具体的な事例（テンプレート）をもとに解説され，実践に役立つ。

（名倉昌巳）

CHAPTER 15 資質・能力を育成する探究活動

1 理科の授業と資質・能力

　理科では，児童が問題解決を行う活動を大切にしてきた。問題解決は図 15-1 のような過程を経るのが一般的である。本書で紹介してきた授業例は，この過程をたどるように設計されているので確認してみよう。理科の授業が問題解決の過程をたどるようにするとよい理由は「新しい時代に求められる資質・能力」の育成に適しているからである。小学校理科で育成を目指す資質・能力は次のように整理されている（図 15-2）。

　「思考力，判断力，表現力等」については，学

| 自然現象に対する気付き |
| 問題の見いだし |
| 予想・仮説の設定 |
| 検証計画の立案 |
| 観察、実験の実施 |
| 結果の整理 |
| 考察 |
| 結論の導出 |

図 15-1　問題解決の過程
（文部科学省，2018 を参考に筆者作成）

知識及び技能	自然の事物・現象に対する基本的な概念や性質・規則性の理解を図り、観察・実験等の基本的な技能を養う。
思考力、判断力、表現力等	見通しをもって観察・実験などを行い、問題を解決する力を養う。
学びに向かう力、人間性等	自然を大切にし、学んだことを日常生活などに生かそうとするとともに、根拠に基づき判断する態度を養う。

図 15-2　小学校理科で育成を目指す資質・能力
（理科ワーキンググループにおける審議の取りまとめ 2017，文部科学省を参考に筆者作成）

年ごとに重視すべき「理科の考え方」を働かせて問題解決の力を育成する（表 15-1 参照）。例えば「比較」して「問題を見いだす力」は「問題の見いだし」

の場面で主に発揮される。「関係付け」て「根拠のある予想や仮説を発想する力」は「予想・仮説の設定」の場面で主に発揮される。「条件制御」して「解決の方法を発想する力」は「検証計画の立案」の場面で主に発揮される。そして，これらの力をすべて発揮して「多面的に考える」問題解決の過程を経て，第6学年では「より妥当な考えをつくりだす」ことができるようになることが想定されている。

表 15-1　各学年で重視したい問題解決の力

(文部科学省，2018 を参考に筆者作成)

学年	主に働かせたい考え方	問題解決の手法	重視したい問題解決の力
第3学年	比較	差異点や共通点を見つけ出す	問題を見いだす力
第4学年	関係付ける	既習の内容や生活経験を基に	根拠のある予想や仮説を発想する力
第5学年	条件制御	予想や仮説などを基に	解決の方法を発想する力
第6学年	多面的に考える	(適切な手法を活用して)	より妥当な考えをつくりだす力

　ただし，これらの「考え方」や「問題解決の力」は問題解決の過程に工夫を加えることで，様々な場面で設定することができる。例えば，第3学年で重視する「比較」の考え方を，図15-2のように結果の整理の場面で働かせて，解決の方法を発想する場面（追加実験の立案）へつなげる工夫が考えられる。

②　問題解決の過程と探究活動

　理科における問題解決では，自然の事物・現象について児童が気付きをもち，問いを立て，検証計画を立案し，観察，実験の結果を考察して結論を導出するという過程をたどる。ここで重要なのは，「問いを児童が自ら立てているかどうか」である。筆者は高等学校で探究活動を指導した経験が豊富であるが，高校生でも自ら問いを立て，検証計画を立案することができる生徒の割合

第Ⅲ部
授業実践力の向上のために

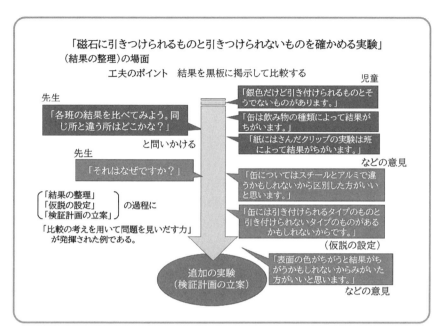

「磁石に引きつけられるものと引きつけられないものを確かめる実験」
（結果の整理）の場面
工夫のポイント　結果を黒板に掲示して比較する

児童

先生

「各班の結果を比べてみよう。同じ所と違う所はどこかな？」

と問いかける

先生

「それはなぜですか？」

「銀色だけど引き付けられるものとそうでないものがあります。」

「缶は飲み物の種類によって結果がちがいます。」

「紙にはさんだクリップの実験は班によって結果がちがいます。」

などの意見

「缶についてはスチールとアルミで違うかもしれないから区別した方がいいと思います。」

「缶には引き付けられるタイプのものと引き付けられないタイプのものがあるかもしれないからです。」

（仮説の設定）

「表面の色がちがうと結果がちがうかもしれないからみがいた方がいいと思います。」

などの意見

「結果の整理」
「仮説の設定」　の過程に
「検証計画の立案」
「比較の考えを用いて問題を見いだす力」
が発揮された例である。

追加の実験
（検証計画の立案）

図 15-2　比較の考え方を用いて解決の方法を発想させる授業の工夫例

は決して高くない。高校生と話をしてみると，これまでに自ら問いを立て，検証計画を立案した経験が少ない傾向が見受けられる。小学生であればなおさらであろう。小学校理科で主体的に問いを立てる経験をすることが大切である。とはいえ，授業を実践してみたら児童から発言が出てこない，適切な問いを生み出せない，やむなく先生が誘導して授業を成立させることになったという経験もあるのではないだろうか。「気付く→問いを立てる→検証計画を立案する」段階を小学校理科でうまく実践するにはどうすればよいのだろうか。ここでは探究活動をうまく成立させる工夫や関連する理論を学んでみよう。

【コラム】
　平成 30 年度全国学力・学習状況調査学校質問紙の集計結果では，小学校理科で「自ら考えた仮説をもとに観察，実験の計画を立てさせる指導を行いましたか」との問いに「よく行った，どちらかといえば行った」と答えたのは 88.4% であった。「観察や実験の結果を整理し考察する指導を行いましたか」の問いには 98.0% であるのと比

較すると，子どもの「気付く→問いを立てる→検証計画を立案する」段階が，教師の誘導によって行われている場合が少なからずあることがうかがえる。

③ 理科の見方・考え方を働かせるには

「気付く→問いを立てる→検証計画を立案する」段階の活動には，児童が理科の見方・考え方を働かせることができるかどうかが関係している。理科の見方は領域ごとに特徴がある（表15-2）。

表15-2　理科の領域と特徴的な見方　（文部科学省，2018を参考に筆者作成）

領域	エネルギー	粒子	生命	地球
特徴的な見方	量的な視点 関係的な視点	質的な視点 実体的な視点	共通性の視点 多様性の視点	時間的な視点 空間的な視点

考え方については，比較する，関係付ける，条件を制御する，多面的に考えるなどが主に働かせたいものとして示されている。これらの考え方を働かせるためには，その前提となる考え方の枠組み（スキームと呼ばれている）を獲得し活用することが求められる。スキームには表15-3のようなものがある。

探究活動の指導にあたっては，子どもの発達がこれらのスキームを獲得していく段階であることを踏まえ，支援するようにしたい。探究活動のテーマがどのようなスキームと関連しているかを意識して，子どもがその考え方を活用できるようにヒントを与えることが効果的である。

子どもが自然や事物を捉える能力は，発達とともに高度になってくる。小学校第3学年では「具体的操作期」とよばれる発達段階の子どもが大半である。見通しをもって物事を考えたり，仮説や予想を立てたり，仮説を検証するための実験計画を立案したりできるようになるのは「形式的操作期」である。形式的操作期に達している子どもは小学校6年生で1割程度という報告もあり，小学校高学年はこの段階に達するわずか手前という子どもが大半である。

理科の学習（探究学習）において，「気付く→問いを立てる→検証計画を立

表15-3　理科で扱う考え方の枠組み（スキーム）

考え方の枠組み（スキーム）	説明
変数	何かを変えると何かが変わる。変えるもの（独立変数）が何で，それに応じて変わるもの（従属変数）は何かを考える。
分類	差異点と共通点を捉え，それに応じてグループ分けをするとどうなるかを考える。
比例	ある変数（独立変数）が大きくなると，別の変数（従属変数）がそれに比例して大きくなる関係を捉え，それを利用して未知の実験結果を考える。
反比例性	ある変数（独立変数）が大きくなると，別の変数（従属変数）がそれに反比例して小さくなる関係を捉え，それを利用して未知の実験結果を考える。
蓋然性	さいころを振ると1の目がでるかどうかなど，複数の選択肢のある事象には偶然性があるが，それを行う回数が増えると全体として一定の割合に近付いていくことをもとに考える。
相互作用	ダンゴムシは暗くて湿っているところに集まってくるなど，2つの変数（独立変数）が同じ変数（従属変数）に影響を与える関係にあることをもとに考える。
複合変数	重さを体積で割った値が浮き沈みに影響するなど，2つの変数を複合したもの（複合変数）が何かに関係することをもとに考える。
形式的モデル	塩が水に解けることを粒子モデルで説明するなど，実際に見ることのできない現象などを形式的なモデルを用いて考える。

案する」段階の活動に苦戦する児童が多いのは，このような理由による。発達段階の特徴を表15-4に示した。

　例えば40人学級における「問いを立てる」場面では，学級の5人程度が元気に手を挙げて的を射た発言をし，その意見を採用して授業が進んでいくような光景を見たことはないだろうか。このとき発言したのは形式的操作期に達した児童らの可能性があり，その割合は理論と符合していることになる。では，残りの35人の児童らにとって，この授業展開はどうなのだろうか。彼らは，自分だけで抽象的な思考を行い「問いを立てる」ことはできなくても，そこに至るのに必要な観察結果や既習事項を整理して提示し，仲間と話し合う場面を用意することで，「ああなるほど，そうなのか。そこが問いになるのだな」と気付き，問いを立てることができるようになる。

表15-4　認知的な発達段階と子どもの思考の特徴

認知的な発達段階	説明	子どもの思考の特徴
具体的操作期	実際の事物を対象にして，分類する，順序付ける，対応付けるなどの思考ができる段階（具体的事物を離れて抽象的なことを考えるのは困難）。	コップに入った氷がとけて水になっても合計の質量が変わらないことは理解できていても，お皿の上の氷を水に浮かべると，氷はその瞬間に（溶け出す前でも）軽くなると思っている。
移行期	具体的な事物を使った学習や具体的な経験を経て，その情報を分類したり関連付けたりするなどの論理的思考ができるようになる。	具体的事物に対する論理的思考によって獲得した概念を具体的でない別の事物の場合にあてはめて抽象的に思考することはできない。
形式的操作期	実物がなくても抽象的なものや概念的なもの（密度や電子，分子，エネルギー，確率など）を扱って物事を考えることができる段階。	見通しをもって物事を考えたり，仮説や予想を立てたり，仮説を検証するための実験計画を立案したりできる。

> ポイント　仲間と話し合う場面を用意する

　仲間とアイデアを出し合い，話し合うことには，もう1つ重要な教育的効果がある。それは，抽象的な概念や考え方はそれを言語化して仲間に説明し，仲間が共感し納得してくれることで確実なものとして獲得されることである。

　話合いの場面には，グループごとに話し合う場面，グループの話合いの結果を学級全体で共有し話し合う場面，学級全体で先生と児童がやりとりする場面が考えられる。うまく話合いを進めて児童らが考えを深めるためには，これらを図15-3のように組み合わせるのがよいだろう。

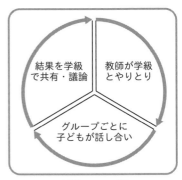

図15-3　話合いの手順

4 探究活動を支える学習環境

　探究活動を進める場合，同じような計画で授業実践を行っても学級によって反応が違ったり，うまくいく学級とうまくいかない学級が生まれたりする。児童が自ら「気付く→問いを立てる→検証計画を立案する」授業展開は予想しない方向に進んでいく場合もあるだろう。教師のその場の判断や機転に大きく左右される。なかなか自信をもって授業実践に望めないかもしれない。

　探究活動の大きな特徴は，児童が立てた問いに児童が結論を導き出すことである。科学的に誤った結論に至らないよう教師がアドバイスをすべきところは積極的にして，ようやくたどり着いた結論が自然を正しく理解することにつながるように配慮したい。探究活動では，できれば教師は「教え導く人」ではなく，「探究のよき伴走者」として振る舞いたいものである。

　児童がどのように自然を理解するかについては，各章で触れられているとおりであるが，ここでもう一度要約して示しておきたい。自然に対する認識としては，児童が生まれてから経験したことやこれまでの知識から，本来とは異なる概念をもってしまうことが多い（誤概念や素朴概念と呼ばれている）。そのような誤った概念をもった児童が，学校の理科の授業で正しい概念を学習したとき，「学校ではそう習ったけれど，本当はそうではない」と思ってしまうことがある（概念の二重化）。児童にとってみると，先生の説明や教科書の記述は自分で確かめたものではないため信じられないのである。例えば，豆電球を乾電池につなぐと光る理由を「乾電池の＋極から流れ出る＋電気と－極から流れ出る－電気が豆電球のところで衝突して光るんだ」（第5章を参照）と思っている児童は，電子が－極から流れ出て＋極に入ることを学習しても心から納得しない場合がある。これを解消するには，児童が納得する方法で実験計画を立て，それを検証した結果を考察して結論を得たときであることが多い。探究活動で得た結論は自分の手で確かめた確実な経験だからであろう。時間と手間はかかってしまうが，概念の獲得のためには探究活動を行うことが効果的なのである。

このことを少し掘り下げて考えてみよう。同じ授業を受けた児童らは，共通した内容を獲得すると思うのが一般的かもしれない。実際には，児童はこれまでに獲得してきた知識や概念に授業で学んだことを付け加えるため，その内容は児童によって異なるのである。このような考え方を「構成主義」とよんでいる。探究活動は，児童が新しい自然認識を自分のこれまでの知識・概念に付け加える教育活動であると捉えることができる。構成主義は教師中心の教える授業ではなく，子ども中心の学ぶ授業を志向している。ここでは，構成主義による，よい授業に共通する特徴（Taylor ら，1997）を紹介し，このような視点から探究活動の授業を改善するポイントを4つ示しておきたい（表15-5）。また，授業改善のポイントがどういうものなのか，第5学年に設定されている振り子についての探究学習を取り上げて例示してみよう。

表 15-5　探究学習の授業改善ポイント　　　　　　（Taylor ら，1997 をもとに筆者作成）

	探究学習の授業改善ポイント	構成主義の授業環境
1	これまでの経験や知識と関連付けよう	個人的関連性
2	理科の知識は変わるという認識をもたせよう	科学の不確実性
3	授業の目標や評価基準に子どもが意見するのを許容し，その意見を学級で共有して調整しよう	批判的な意見，共有された調整
4	異なる意見を受け容れて話し合おう	話し合い

ポイント 1　これまでの経験や知識と関連付けよう

　表15-6 のように，教師からの発問によって，児童の過去の経験や知識を想起させるとよい。また，思いがけない反応が返ってきたときには，補足的な説明を求めるようにすると全体で共有できるだろう。

第III部
授業実践力の向上のために

表 15-6 （振り子について）導入時のクラス全体での話合いの場面

先生	児童
「振り子の動きをするものを今までに見たことはありませんか。どんなものでしたか？」 「チンパンジーはなぜ振り子の動きをするの？」 「なるほど！」	「ブランコ」「けん玉」「ヨーヨー」 「チンパンジー」 「木にぶら下がって揺れていました」
「振り子が1往復する時間が変わった経験はありませんか。それはどんなときでしたか？」	「ブランコは乗っても降りても変わらないよ」 「ヨーヨーの糸を短く持つとはやく揺れます」

> **ポイント2　理科の知識は変わるという認識をもたせよう**

　表 15-7 のように，科学史を紹介する機会を日常的に設けることで，理科の知識は変わり得るという認識をもたせることが可能となる。

表 15-7 （振り子について）実験後にクラス全体で話し合う場面

先生	児童
「振り子の1往復する時間は振り子の長さが一定なら振れ幅によらず一定だったよね。これは何に使えると思いますか？」 「そうだね。時計には振り子が使われているね。でも大きいよね。もっと小さくできないかな？」 「そうだね。クオーツ時計って知っていますか？」 「これがクオーツです」 「小さな水晶に電気を通すと振り子のように揺れることが発見されたんです。これも1往復する時間が一定だから時計に使えます。今では，身の回りの時計はほとんどクオーツ時計です」	「時計に使えると思います。なぜなら時計には1秒を正確にはかるものが必要だからです」 「小さくても1往復する時間は一定だからできると思います」 「聞いたことあります」 「えー，ものすごく小さい！」

> **ポイント3　授業の目標や評価基準に子どもが意見するのを許容し，その意見を学級で共有して調整しよう**

　表15-8のように，授業設計に児童の意見が反映される状態をつくるとよい。もちろん，教師と児童らが協議をしてその意見を採用してもよいし，採用しなくてもよい。大切なのは，教師の授業設計に対して批判的な意見も言えるような環境を用意することである。

表15-8　（振り子について）班ごとに実験に取り組んでいる場面
問題：「振り子のきまりを利用して，1往復の時間が1秒の振り子を作成できるか」
評価基準：「ちょうど1秒の振り子をつくることができたら達成」

先生	児童
「おもしろい意見だね。みんなはどう思いますか？」 「わかりました。では授業の目標を変更します。1往復する時間が1秒の振り子か，2秒の振り子をつくることを目標とします。達成基準も変更です」	「先生，うちの家にある振り子時計よりも長さが短いです。そういえばうちの家の振り子時計は真ん中になるまでが1秒だったと思います。この振り子を目指したいです」 「賛成です。それもおもしろいから，どちらかを目指すことにしてはどうでしょうか？」 「やったー，よーしがんばろう！」

> **ポイント4　異なる意見を受け容れて話し合おう**

　話合いはグループで行ってもよいし，クラス全体で行ってもよい。表15-9のように，多くの児童が共通の意見をもっているときに，それとは異なる意見を発表するのは勇気のいることである（このような意見が出たときは，その場でしっかりほめるようにするとよい）。科学史を見れば，観察や実験の結果から得た意見が当時の常識とは異なっていたとしても，勇気をもって発表することによって，科学が発展してきたことが分かる。天動説が主流だった時代に地

表15-9 （振り子について）班ごとに実験の方法を考えている場面

問題：「振り子のきまりを利用して，1往復の時間が1秒の振り子を作成できるか」
評価基準：「ちょうど1秒の振り子をつくることができたら達成」

先生	児童
「振り子のきまりを利用して，1往復する時間が1秒の振り子をつくることができますか？」	「振り子の長さをある長さにすると1往復する時間が1秒の振り子をつくることができると思います」
	「賛成」「同じ意見です」「同じです」
「なるほど，<u>他の意見はありませんか？</u>」	「長さが同じでも揺れる幅が違うと1往復する時間が変わってしまうから揺れ幅も決めないといけないと思います」
「なるほど，いい意見ですね。<u>皆さんはどう思いますか？</u>」	「それはあまり変わらないからいらないと思います」
「なるほど，他の意見はありませんか？」	「もしかしたら変わるかもしれないから振れ幅は共通になるように決めた方がいいと思います」

動説を唱えたガリレオが，そのよい例である。科学史では少数意見がイノベーションをもたらしてきたといえるだろう。探究学習ではこのような科学の姿勢も学ばせたい。

　探究学習では児童が積極的に授業に取り組む状況を作り出すことが大切である。以上に示した授業改善の視点は，児童の積極的な姿勢を生み出すヒントになるだろう。

引用・参考文献

鳴川哲也・山中謙司・寺本貴啓・辻健（2019）：イラスト図解ですっきりわかる理科，東洋館出版社
文部科学省（2016）：理科ワーキンググループにおける審議の取りまとめについて（報告）
文部科学省（2018）：小学校学習指導要領（平成29年告示）解説理科編，東洋館出版社
Peter C. Taylor., Barry J. Fraser. & Darrell L. Fisher.（1997）：Monitoring constructivist classroom learning environments, International Journal of Educational Research, Volume 27

─ **学習の課題** ─

1. 次の単元から１つ選び，探究活動として４時間で指導する場合の時間配分と各時間の取り組みの計画を立ててみよう。
　　「風とゴムの力の働き」「太陽と地面の様子」「電気の通り道」
2. 次の単元を学ぶときに子どもが活用するスキーマは何かを考えよう。また，そのスキーマの活用が見込まれるのはどのような場面なのかもあわせて考えよう。

単元名	スキーマ	スキーマの活用が 見込まれる場面
季節と生物		
太陽と地面の様子		
てこの規則性		

【さらに学びたい人のための図書】

森田和良（2017）：小学校理科の大事なところが７時間でわかる本，PHP 研究所
　⇒小学校理科の教材を実験・観察の視点から捉えて，どのような見方・考え方で捉えればよいかがよく分かる本。探究活動に取り組む素材を得たり，子どもを指導する方向性を考えたりするヒントが満載である。

鳴川哲也・山中謙司・寺本貴啓・辻健（2019）：イラスト図解ですっきりわかる理科，東洋館出版社
　⇒学習指導要領理科のポイントが分かりやすく示されている。

（髙橋信幸）

OPPA 論を活用した学習・授業改善

① OPPA 論の概要

本章では，OPPA 論を活用した学習・授業改善について具体的な事例を紹介しながら述べる。

（1）OPPA 論の定義

学習の成果を，学習者が一枚の用紙（OPP シート）の中に，学習前・中・後の学習履歴として記録し，その全体を学習者自身が自己評価するという評価論を，一枚ポートフォリオ評価（One Page Portfolio Assessment，以下 OPPA と記す）論という。OPPA 論は，学習者の概念や考え方に注目し，その変容過程を意識化，自覚化させることを重視した広い意味での教育論である。

OPPA 論における自己評価とは，この自覚化・意識化を指す。これは，メタ認知と言い換えることもできる（中島，2019，p.21）。実践には OPP シートを用いる（図 16-1）[1]。授業では，これを三つ折りにして使用する（図 16-2）。当初は理科を中心に広まったが，現在は教育活動のあらゆる場面において活用されている。

（2）OPP シートの基本的構造

OPP シートは，①単元タイトル，②本質的な問い，③学習履歴欄，④学習全体を通した自己評価，これら 4 つの要素で構成されている。OPP シートに設定された問いによって，学習者の内化・内省・外化といった認知構造[2]（図

1 　図 16-1 はあくまでも一例である。OPP シートの機能を保つため，4 つの要素は必ず設定するが，学習履歴欄の枠の数などは学習者の状況に応じて教師が設定する。詳しくは各実践を参照のこと。

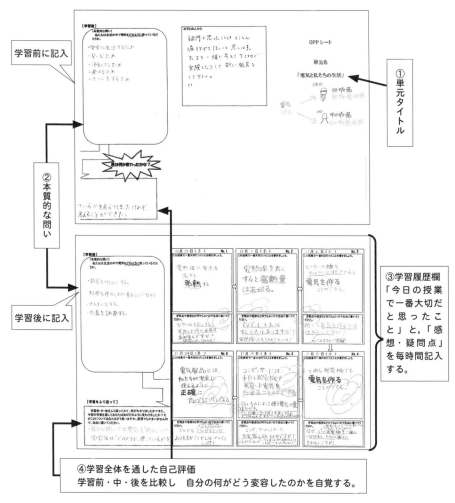

図16-1 OPPシートとその記入例（上：表，下：裏）：第6学年「電気の利用」。両面に印刷し，三つ折りにして使用　　　　　　　　　（坪田隆平先生提供）

16-3）が可視化され，学習者のメタ認知（自己評価）を促し，教師はこれを確認することで個々の児童の概念や考え方に沿った指導が可能になる。すなわち，教師自身も自らの授業を自己評価することができるのである。

2　認知構造とは「学習者が物事を認識する枠組みとしての構造」を指す（堀，2019，p.18）。

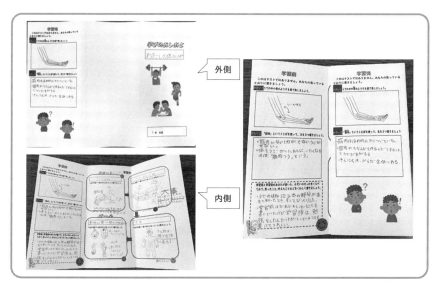

図 16-2　OPP シートとその記入例（上：表，下：裏）：第 4 学年「人の体のつくり
と運動」両面に印刷し，三つ折りにして使用　　　　　　　　（笠井恵先生提供）

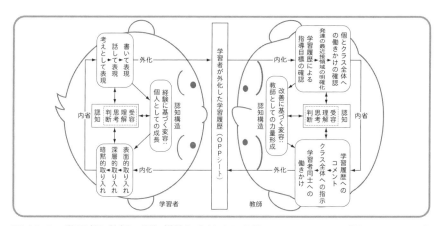

図 16-3　学習者と教師の認知構造における双方性　　　　（堀，2019，p.166）

①　単元タイトル

　単元の授業が全て終わり，OPP シートへの書き込みが終了した時点で，学
習者自身がタイトルをつける。堀（2019）によれば，これは，「内容を一言で
的確にまとめる力をつけさせるため」のものである。児童によって異なるタイ

トルになることが多いが，この違いがそれぞれの児童がもつ概念や考え方を示す。

②　学習前・後の「本質的な問い」

「本質的な問い」には，単元の本質に関わる内容を設定する。その際，学習前と後で同じものにする必要がある。堀（2019）によれば，これは「学習者の学習前の実態」を教師と学習者自身が知り，「それが学習によってどのように変容したのかを学習後に明らかにする」ためである。「本質的な問い」の内容は，変容をより自覚させるようにするため，例えば「燃焼とはなんですか？」というような回答に幅をもたせるものがより効果的である（中島，2019，p.2）。図 16-4 の上は，第 6 学年「燃焼の仕組み」の記述例である。表 16-1 に，その授業の概要を記す。

この授業は，学習前の「本質的な問い」の記述を整理した上で実施した。その際，各授業における児童の学習活動だけではなく，各時限の板書計画や発問計画なども修正を行った。つまり，児童の OPP シートへの記述に基づく授業設計である。このように単元の学習前に，学習者がもつ既有の概念や考

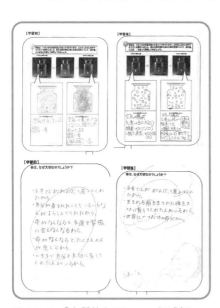

図 16-4　「本質的な問い」の記述例
（上：山下・中島，2016，p.68　下：榎本・中島，2017，p.257）

表 16-1　授業の概要（燃焼の仕組み）

時限	学習活動
1・2	ビンの中でろうそくを燃え続けさせよう
3	ものを燃やす働きがあるのは空気中の何か
4・5	ものが燃えた後の空気はどうなっているか
6・7	
8	ものが燃えるしくみを説明しよう
9・10	発展学習

第Ⅲ部
授業実践力の向上のために

え方が把握できることによって，授業計画の修正を図ることができる。また，単元の途中では，各回の授業の最後に記入する「学習履歴欄」の記述（詳細は後述）に基づいた授業改善を行うことが可能になる。

　図16-4の下は，第5学年「動物の誕生」の記述例である。学習前・学習後の双方に「お母さんががんばって産んでくれたから」「自分が産まれたことでいろいろな人がよろこんでくれたから」というような，理科の授業で扱った内容とは異なる記述も見られた。また，この児童の「学習履歴欄」には，科学的な知識の習得や学ぶことによる手応えの感得が見られた。授業は基本的には教科書の指導計画に沿った内容であったが，「いのち」に関わる道徳的な内容を直接的に扱わずとも，通常の理科の授業を通して「人間性の涵養」がなされたことが分かる。これは，OPPシートの記述が，通常のノートや実験レポートとは異なる情報をもつことによる。

　また，図16-1や図16-4の上の事例のように，図を書かせることも可能である。「本質的な問い」は，児童の実態に沿った設定が重要となる。

③　学習履歴欄

　これは，毎時間の授業後に学習者が「この授業で一番大切だと思ったこと」とや「感想や疑問」を書く欄である。堀（2019）によれば，次の3つを考慮することが重要となる。

・学習者が考えた「この授業で一番大切なこと」を書かせること。
・授業終了直後に書かせること。
・学習者の描きやすい形式で書かせること。

　これらは，先ほども述べた学習者と教師の双方の自己評価を可能にするための仕掛けである。図16-5に示した第6学年「燃焼の仕組み」の児童の記述を例に，その具体を紹介する。

　まず，OPPシートのやりとりの中で個々の指導が可能になった事例である

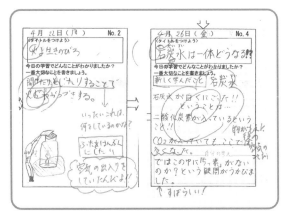

図16-5　学習履歴欄の記述例（左：児童A，右：児童B）　（中島，2017，pp.69〜71）

（図16-5左）。4月22日の授業で児童Aが一番大切だと考えたのは，「開けたり閉じたりすることで火が長つづきする」ことであった。この日，教師が設定した指導目標は「継続的に燃焼がおこるためには，空気の循環（出入り）が必要なことを実験を通して理解させる」ことであった。しかし，児童Aの記述は，目の前の現象のみであった。

　これに対し，教師は「いったいこれは何をしているのかな？」とコメントした。すると，次の時間に「ふたをはんぶんにしたり」と記入してきたので，さらに「空気の出入りをしていたんだよ」とコメントしている。このように，個々の児童とのやりとりを通して学習改善ができたのは，学習者の概念や考え方の形成過程を可視化するというOPPシートの効果による。

　次に，児童に学習目標の設定を促すとともに，「学習履歴欄」の構成が改善された例である（図16-5右）。「学習履歴欄」には，「この授業で一番大切だと思ったこと」と「感想や疑問」を書くが，この授業を実施した教師は，当初「感想や疑問」を書く必要性を感じず，欄を設けなかった。しかし，児童Bのように，次の学習に向かうために，疑問やそれに基づく「学習目標」を自ら書く児童が多かった。そこで，次のOPPシートからは作成段階で「感想や疑問」を書く欄を設けるよう，OPPシートの構成を改善した。

　自己評価には児童自らが設定した「学習目標」が欠かせない（堀，2019，p.42）。しかし，最初から「学習目標」を設定できる児童ばかりではない。この事例のように，「感想や疑問」を書く欄を設けることで，「学習目標」の設定

第III部
授業実践力の向上のために

を促すことが可能になる。この「学習目標」は，授業の回数を重ねるごとに質的に向上されていくことが明らかになっている。OPPA 論では，教師が設定する「指導目標」と学習者が設定する「学習目標」を明確に区別している。これについては，「5　学習と指導と評価の一体化」で詳しく述べる。

④　学習全体を通した自己評価

これは，単元が終了した後に，「これまでの学習全体を通して，何か自分が変わったか，変わったとしたら何が変わったか」を書く欄である。

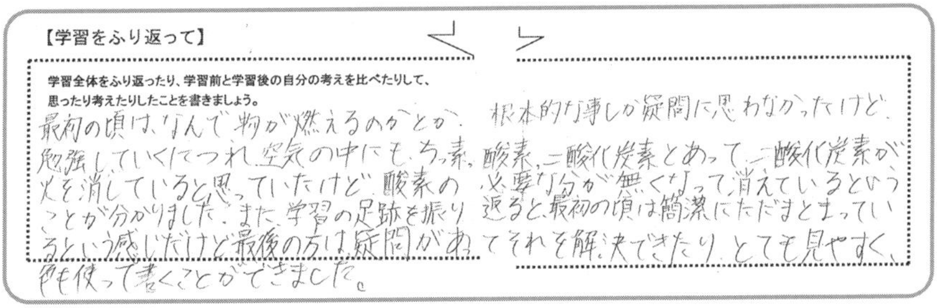
【学習をふり返って】

学習全体をふり返ったり、学習前と学習後の自分の考えを比べたりして、
思ったり考えたりしたことを書きましょう。

最初の頃は，なんで物が燃えるのかとか．根本的な事しか疑問に思わなかったけど．
勉強していくにつれ，空気の中にもちっ素，酸素，二酸化炭素とあって，二酸化炭素が，
火を消していると思っていたけど，酸素の必要な分が無くなって消えているという
ことが分かりました．また，学習の足跡を振り返ると，最初の頃は簡潔にただまとまってい
るという感じだけど最後の方は，疑問があってそれを解決できたり，とても見やすく，
色も使って書くことができました。

図 16-6　学習全体を通した自己評価欄の記述例：第 6 学年「燃焼の仕組み」

（中島，2017，p.72）

図 16-6 の「最初の頃は」「勉強していくにつれ」という記述からは，児童が時系列で自分の学びを振り返っていることが分かる。これは，OPP シートが 1 枚の紙であるため，一目で単元の学習を確認できることによる。さらに，「最初の頃は簡潔にただまとまっているという感じだった」が，「最後の方は疑問があってそれを解決できたり，とても見やすく，色も使って書くことができました」といったように，教科書の内容にとどまらない学びの足跡を振り返ることで，自分の学びが深化していることを自覚する姿が見られた。

図 16-7 は，これまで，自分のよさや学ぶ意味を見いだせない傾向が強い児童によるものである。日頃から「こんなことやっても無駄」というようなマイナス発言が多かった。しかし，回を重ねるごとに，「意欲的に学習に取り組む事が出来た」という前向きな記述をするようになっていった。これは，児童が自ら学習を実感し，自分の取組を具体的に認められる手立て（= OPP シート）

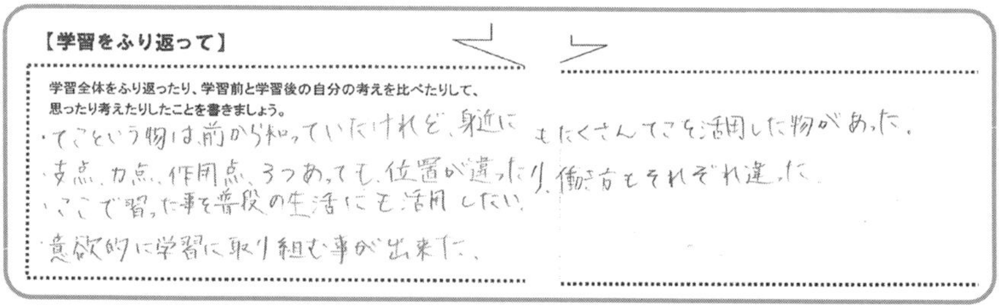

図16-7 学習全体を通した自己評価欄の記述例：第6学年「てこの規則性」

（山下・中島，2016，p.21）

があったからと考えられる。この事例のように，本実践における児童らの
OPPシートの記述には，「児童の学習意欲の向上」「学習の仕方や臨み方の変
容」「自分を認める内容」などが多く見られた。これらは，ノートや実験レ
ポートには表出されにくい学習者の変容である。さらに，授業を実施した教師
によれば，このように児童が変容していく姿を通して，教師自身も「自分の授
業の在り方や児童への接し方，さらに，何を学ばせるのかなどについて深く考
えるようになり」，これらは，「児童が書いた事実が目の前にあるからこそ，実
現できた」と述べている。これは，OPPA論の教師の「自己評価」機能によ
る教育観（教育に関する考え方）の変容だと考えられる。

2 資質・能力（メタ認知）の育成を目的とする教育論

OPPA論は，学習者の資質・能力の育成を目的とした学力モデル（図16-8）
に基づき，2002年に堀哲夫により開発された[3]。OPPA論が注目される理由の
1つが，この学力モデルである。

理科学習・授業における課題に，児童の素朴概念の存在がある。素朴概念と
は，日常生活や学習者自身の経験に基づく素朴な概念や考え方を指す。例え
ば，小学校第5学年「物の溶け方」では，「水溶液は時間が経つと下の方が濃
くなる」や，「水に物を溶かす前後で重さが変わる」といった概念や考え方を

---

3 OPPA論の詳細は，堀（2019）を参照のこと。

第III部
授業実践力の向上のために

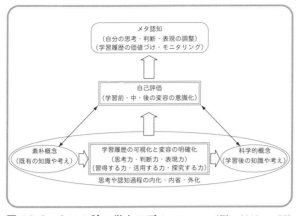

図16-8　OPPA論の学力モデル　　　　（堀，2019，p.85）

もつことが知られている（第6章も参照）。これらは強固で，たとえ授業で科学的概念を学んだとしても，容易に変容しないことが知られている。これについては，OPPA論の「学習履歴の可視化と変容の明確化」により，「メタ認知」する能力の育成が促されることで，素朴概念の科学的概念への変容が可能となることが明らかになっている。

③ メタ認知による「学ぶ意味・必然性」の感得

　さらに，OPPA論を活用することで「メタ認知」する能力の育成が促され，これにより「学ぶ意味・学ぶ必然性」が感得されることが明らかになっている。

　OPPA論における「学ぶ必然性」とは，「何かを学ぶことによって，自己の中の何かが変わって知らなかった状態には戻れなくなり，学んだ内容の重要性や価値にも気付いている状態」を意味する。これは，話題になって久しい「理科嫌い・理科離れ」問題の解決に有効であると考えられる。なぜならば，理科の授業を通して，その意味や必然性を感得することが，適切な目的観の形成を促すからである（中島，2010，pp.59-61）。

　理科教育の目的論については，これまでも多くの主張が存在する[4]。「なぜ理科を学ぶのか」といった理科の目的論を考える上で，「教育とは何か」と

4　詳しくは，中島（2010）を参照のこと。

いった教師の教育観の問い直しが必要となろう。これが「理科嫌い・理科離れ」といった理科教育の課題の解決の糸口をつかむきっかけとなる。

④ 教師用 OPP シートによる教師の資質能力の育成

先述したように，OPPA 論の活用によって，授業者の教育観の変容を促し，教師の資質能力の育成につなげることができる。その具体的な方法はいくつかあるが[5]，ここでは，教師用 OPP シートを用いた事例を紹介する。

教師用 OPP シートには，学習者の記述から得られた授業改善に関する示唆や改善点として，教師が自覚した内容を記述する。例えば，図 16-9 に示す事例では，この回の授業で教師は児童が「およそよく分かっている」ことを把握したが，自分（教師）の「話は難しかったかもしれない」とも感じていた（図16-9左）。しかし，児童の OPP シート（中・右）には難しいという記述はなかったため，教師は「（児童が）分かりにくかったことも書かせよう。用語と内容がむすびつくように」と考え，コメントの仕方を工夫するようにした。そ

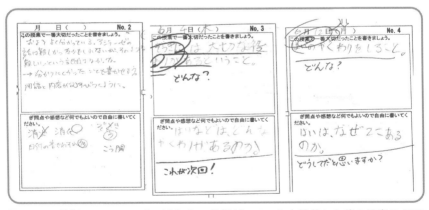

図 16-9　教師用 OPP シート（左）と，教師がコメントを改善した後の児童の OPP シート（中・右）の記述例：第 6 学年「人の体のつくりと働き」

(中島，2019，p.85)

5　詳しくは，堀（2019）を参照のこと。

の結果，これが具体的な授業改善につながった。

　具体的には，図 16-9（中・右）の教師のコメントに見られるように，次の授業からは「どんな？」「どうしてだと思いますか？」といったような学習者に自ら考えることを促すコメントに変わっていった。これらが，1 回の授業ごとではなく，単元を通して毎回同じ OPP シートに指導履歴として可視化されることで，コメントの仕方や授業そのものに対する考え方など教育観の変容を教師自身が自覚（自己評価）することが可能になる。学習・授業改善には，この効果が大きい（中島，2019，pp.114-116）。

5 学習と指導と評価の一体化

　これまで OPPA 論の機能とその効果について述べたが，これらを可能にする OPPA 論による「学習と指導と評価の一体化」について述べる。表 16-2 は，教育評価のもつ 3 つの機能を示したものである。

　「評価とは何か」という評価観として，「学習の評価」が挙げられることが多い。しかし，これまでも重視されてきた形成的評価を意味する「指導と評価の一体化」は，「学習のための評価」を示すものである。これらに対して，「自己評価」は，「学習としての評価」である。OPPA 論の開発者である堀（2019）は，「学習としての評価」を「学習と評価の一体化」として重視する。

表 16-2　教育評価の機能　　　　　　　　　　　　　　　　（中島，2019，p.27）

アプローチ	目的	準拠点	主な評価者
学習の評価（Assessment of Learning）	成績認定，進級，進学などのための判定（評定）	他の学習者。教師や学校が設定した目標	教師
学習のための評価（Assessment for Learning）	教師の教育活動に関する意志決定のための情報収集，それに基づく指導改善	学校や教師が設定した目標	教師
学習としての評価（Assessment as Learning）	自己の学習のモニタリング，および，自己修正や自己調整（メタ認知）	学習者個々人が設定した目標や，学校・教師が設定した目標	学習者

「学習と評価の一体化」は，学習指導要領で重視されている「主体的に学習に取り組む態度」に関係する。「主体的に学習に取り組む態度」は，「粘り強く学習に取り組む態度（粘り強さ）」と「自らの学習を調整しようという態度（自己調整）」の2つを指すが，「自己調整（メタ認知）」は表16-2に示されるように，「学習としての評価」によって「学習と評価の一体化」がなされることで可能になる。この際「学習目標」が重要となる。OPPA論では，「学習評価」は，教師が設定する「指導目標」と明確に区別されており，表16-2に示されるように「学習者個々人が設定した目標」を指す。

個々人の「自己評価」にはそれぞれの「学習目標」が必須となる。なぜならば，個々人の抱える課題はそれぞれ異なり，それを克服するために設定する「学習目標」も個々人で異なるからである。しかし，これまでは学習者が「自己評価」するための「学習目標」が曖昧であったために，適切な「自己評価」がなされてこなかった。堀（2019）は，「指導と学習と評価を切り離さない」，いうなれば「指導と評価の一体化」と「学習と評価の一体化」が合わさった「学習と指導と評価の一体化」を提唱する。授業にOPPA論を活用することで，学習者個々の「学習目標」の形成が促され，「自己評価（Assessment as Learning）」による「形成的評価（Assessment for Learning）」が可能になる。これにより，学習者と教師の双方に，メタ認知などの資質能力の育成がなされる。

6 おわりに

以上，OPPA論の機能と効果について具体的な事例をもとに紹介した。OPPA論は日本生まれ，日本育ちの教育論である。これまで多くの教師により実践され，検証されてきた。これらの事例を参考に，授業で活用していくのが望ましい。しかし，OPPAあるいはOPPA論として発表されているものの中には，間違った理解の下で作成されたOPPシートやその活用事例が存在する。本章でも述べたOPPシートの4つの要素とその文言は上記に示した理論に基づき開発された。これらは安易に変更せず，そのまま活用してほしい。

最後になるが，学習者によるOPPシートの記述を成績付けには用いない。なぜならば，教師の評価（成績付け）を意識した記述になってしまうからである。これでは適切な「自己評価」はなされない。OPPA論の効果はOPPシートへの記述以外にも表れる。実際に用いて実感してほしい。

謝辞　山梨県市川三郷町立市川小学校の笠井恵先生，埼玉県杉戸町立杉戸小学校の坪田隆平先生に，写真を提供いただいた。

引用・参考文献

榎本充孝・中島雅子（2017）：学習者の資質・能力育成におけるOPPシートの機能に関する研究：小学校5年「人のたんじょう」単元を事例として，埼玉大学紀要　教育学部，66巻2号，pp.257～267

堀哲夫（2019）：新訂　一枚ポートフォリオ評価　OPPA，東洋館出版社

中島雅子（2019）：自己評価で授業改善―OPPAを活用して―，東洋館出版社

中島雅子（2017）：「自己評価」による授業改善：小学校理科におけるOPPAを活用した事例を中心として，埼玉大学紀要　教育学部，66巻1号，pp.65～75

中島雅子（2010）：科学的概念の形成過程をふまえた学習者の目的観育成に関する研究：高等学校理科における効果の検証を中心として，教育目標・評価学会紀要，20号，pp.59～68

山下春美・中島雅子（2016）：教育観の変容とOPPA：経験を重ねた教師の授業改善，埼玉大学紀要　教育学部，65巻1号，pp.15～24

学習の課題

1. 各単元における「本質的な問い」を考えてみよう。
2. 各単元における教師用OPPシートを作成して，想定される児童の素朴概念や考え方をもとに，指導目標を設定してみよう。
3. OPPA論を活用した学習・授業改善を実践してみよう。

【さらに学びたい人のための図書】

　引用・参考文献に挙げた書籍・論文のほか，OPPA論に関する書籍は数多く存在する。それらを参考にするとよい。なお，OPPA論の実践を紹介した書籍『一枚ポートフォリオ評価論OPPA実践ハンドブック』（書名は仮）が，東洋館出版社より刊行予定である。

　また，毎年「OPPA研修会」を開催している。これについては，「OPPA研究会のウェブページ」を参照のこと。

http://park.saitama-u.ac.jp/~masanaka/index.html

（中島雅子）

CHAPTER 17 子どもどうしで行う作問の授業

1 作問の授業とは

　作問の授業といっても，いわゆる入試問題などで通常用いられている一問一答形式の問題や簡単な記述問題を作るわけではない。その単元や学習内容のひとまとまりごとを対象とした総合的な問題というイメージをもつとよいだろう。例えば，以下のような問題が挙げられる。

> 　あなたは新たに小学校教員となる大学生を対象に，小学校理科で教える内容について，専門的内容を踏まえた研修を行う講師に任命されました。このテキストの第1部を踏まえ，小学校理科を教えるにあたって大事にすべきことなどが伝わるように，「観察，実験」をキーワードにした研修内容を提案してください。

　上記の問題を解くには，あまりにも間口が広い。そのために採点基準をあらかじめ解答者に提示しておくと，出題者の意図に沿った解答の方向に導くことができる。

> 採点基準
> ・学習指導要領に書かれている内容及び解説理科編に示されているポイントを踏まえることができているかどうか。
> ・問題解決の過程，探究の過程，科学者の科学の方法を踏まえることができているかどうか。
> ・観察，実験の具体例をもとに，小学校理科を教えるにあたって大事にすべきことが含まれているかどうか。

さて，このような問題と採点基準をもとにして，解答を作成してみてほしい。

大学の授業や試験というものは，レポートの課題や論述試験のような問題だと思うだろう。その解釈は間違ってはいない。大学のレポートや課題などは授業の到達目標に従っておおよそは俯瞰的，大局的に出題されており，解答者は授業内容について自身の総合的な理解を総動員して解答を記述していくことになる。

作問の授業では，解答時における学習内容の理解だけではなく，学習者自身に作問を求める。この問題を作るという作業にあたって，作問する学習者は学習内容をきちんと理解している必要があることもポイントの１つとなっている。すなわち，問題を作るということが学習者の理解を深めたり広げたりすることに役立っている。それでは，作問の授業について平田（2015，2020）を参考にしながら見ていこう。

② 子どもが問題をつくり，解き合う授業（作問の授業）

（1）作問の授業の特徴とねらい

作問の授業における特徴は２点ある。

1. 日常生活や社会との関連を取り入れ，解答が１つの方向性とは限らず，解答も複数考えられるような問題としている点。
2. 子ども自身が設問の作成から解答例，採点基準の作成及び採点までを行うという点。

ここで紹介する作問の指導では，日常生活や社会に関連した内容の場面設定があり，その解決に当たっては，今までに学習した理科の学習内容（単元あるいは学習内容全てにわたって）を使用し，単元や題材を限定しない場合によっては，様々な分野や単元内容を関連付けて解決していかなければならない問題を考える必要がある。その思考過程において，日常生活や社会との関連を図り，知識を活用し，思考力，判断力，表現力等を育成していくことをねらいとしている。

作問の授業においては，次の2点の効果が期待される。

1. 知識及び技能の定着と活用する力の育成，思考力，判断力，表現力等の育成。

2. 教師側の評価能力の向上と評価時間の短縮。

（2）作問の授業の流れと具体例

中学校での実践例であるが，以下紹介していく。作問の授業の大まかな授業時間の構成を図17-1に示す。

1時間目の授業ではガイダンスを行う。この時間では，問題を完成させるのではなく，まずは下書きまでを行う。

ガイダンスでは，作成してほしい問題の形式や内容とは実際どのようなものかを説明し，例題を提示する（図17-2）。例題を解いてみることによって，作るべき問題の性質を学ぶようにする。これを踏まえた上で，問題の下書きに取りかかる。

1時間目　作問の授業内容の説明と作成
　　　　・例題を解く→下書き問題を作成する
2時間目　問題作成の続きと推敲，及び採点基準と模範解答の作成
　　　　・下書き問題に対する相互コメント
　　　　・グループでの意見交流
　　　　・問題を推敲し，問題を完成させる
　　　　・模範解答及び採点基準を作成
3時間目　作成した問題を生徒相互で解き，採点，コメントを行う
　　　　・他者の作成した問題に相互に解答

図 17-1　作問の授業の大まかな流れ

【例題】分野：2分野　単元：大地の変化
項目：岩石　タイトル：石の博物館

> あなたは新しくオープンする石の博物館の館長です。来館者の興味をひくためにはわかりやすい分類が必要です。そこで，理科の学習の手助けとなるような石の博物館をレイアウトして下さい。どのような展示を行うのか，そのように考えた理由を必ずつけて答えて下さい。

【採点基準】

学習の手助けとなる分類を行っている。	
科学的な根拠をもとに分類を行っている。	
同じ岩石群をいくつかの観点で分類しなおしている。	
分類や展示の理由をしっかりと述べている。	

図 17-2　問題の例題と採点基準例

（平田（2020）より引用）

実践に向けてのヒント

　子どもたちに「問題をつくりましょう」というと，テスト問題や問題集のような従来型の問題（解答が1つのものや記述式と言っても簡単な説明をするだけのもの）をつくりがちである。今回のような例題をあらかじめ配付し，子どもが解くことで，作問すべき問題の特性をつかむようにする。

　一度経験すると，この1時間目を省略することも可能となるだろう。

　2時間目の授業では，問題作成の続きと推敲，及び採点基準と模範解答の作成を行う。前時で作成した下書き（図17-3）を子ども同士で一度解いてみて，解答者が解答を導き出すために迷った点や戸惑った点，

領域	粒子	単元	身の回りの物質	項目	水の三態変化
問題タイトル：水の行方					

　気がつくとあなたは今まさに1粒の雨となって地上に降ろうとしています。これからあなたの長い旅が始まります。さて，あなたはどこに移動し，どのように変化していくでしょうか。あなたの理科の知識を総動員して，あなたの長い旅を考えてください。なお回答にあたっては，どのように変化し，どのような道のりなのか，詳しく答えてください。

図17-3　下書き段階の問題例

（平田（2015）を参考に加筆）

それらの改善点などを作成者にコメントとして返す。これらのコメントをもとに，4人程度のグループでの意見交流を行う。作成者はコメントや意見交流の内容をもとに，自分の問題を推敲し問題の完成度を高めていく（図17-4）。その後，問題に対する模範解答（図17-5）及び採点基準（図17-6）を作成していく。

　図17-3の下書き段階に対して，「生活用水になるなど，いろいろな使われ方があるのですごく難しい」「解答がありすぎるから限定するとよい」というようなコメントが返ってきた。これらのコメントをもとに，グループでの意見交流を経た後，推敲し改善された問題（図17-4）には，解答の方向付けを示すとともに，「3つ以上5つ以内」という条件を付加するといった工夫が見られた。

　図17-5の模範解答には，作成者が指定した条件（5つ）を踏まえた内容と

改善問題文

　気がつくと今まさにあなたは1滴の雨として地上に降ろうとしています。これからあなたの長い旅が始まろうとしています。さてあなたはどこに移動し，どのように変化していくでしょうか。あなたの理科の知識を総動員して，また雨になるまでの長い旅を考えてください。なお，解答にあたっては，どういう風に変化し，どのように移動するのか，3つ以上5つ以内の再び雨が降るまでの道のりを詳しく書きなさい。

図17-4　コメント，意見交流を経て推敲し改善された問題例

（平田（2015）をもとに加筆）

模範解答

　雨として降った後，下水道管をつたって川に流れます。そして，そのまま海に流れ，太陽の光によって温められて，蒸発し，水蒸気となって上に上がります。ある程度高いところまでいくと，水蒸気が凝縮され，小さな水や氷の粒になり，雲として空中に浮かびます。そして，水や氷の粒がだんだん大きくなったり，急激に冷やされたりした場合に水滴となり雨として再び降ります。

図17-5　作成された模範解答

（平田（2015）をもとに加筆）

採点基準
1. 科学的な根拠に基づいた過程が含まれているか
2. もう一度雨になるまでの道のりを3つ以上5つ以内で書けているか
3. 雨として降った後の道のりが書かれているか
4. 雨として降った後の変化が書かれているか
5. 詳しく書かれているか

図17-6　採点基準

（平田（2015）をもとに加筆）

なっている。図17-6で示されている採点基準のうち，2，3，4には内容に関する採点基準が示されている。この採点基準を設定し，事前に解答者に提示しておくことによって，解答していくための方向性を示すものとなっている側面もあり，出題者の意図に沿った解答の方向に導くことができる。

実践に向けてのヒント

　下書きした問題に対して，グループでの意見交流時の討議と相互助言が重要である。このときに，子どもたちはどうしたらよりよい問題となるのかを考え，グループで意見を出し合いながら改善点を探っている。この過程で知識を活用する力が育まれる。その後，作問者自身が問題を推敲し完成度を高めていくことで，思考力，判断力，表現力等が育まれていく。この意見交流を行っている際に教師は机間指導を適宜行い，作成している問題について適切な助言を行うようにしたい。

3時間目の授業では，作成した問題を相互に解き合い，作成者は採点基準に従って採点し，評価・コメントを行う。このときには，2時間目のグループメンバーとは異なったグループを形成することが望ましい。1つの問題につき5分程度の解答時間を設け，作成者以外の子どもたちがそれぞれの問題に解答するようにする。このあと作問者が採点基準をもとに，評価・コメントを返すようにする。

3時間目のグループでの相互解答では，4人グループの場合であれば，他者が作成した3問を解くことになる。これらに解答することで，学習内容について3回問われることとなるため，理解を深めたり，広げたり，復習したりすることにつながる。さらに，自身では気付かなかった日常生活や社会との関連も学ぶことができるだろう。

> **実践に向けてのヒント**
>
> 　教師の評価活動もこの時間内に行いたい。完成した問題から，思考・判断・表現に関する評価が可能である。3時間目に子どもたちが相互に解き合っている間に（机間指導時に），問題の内容について評価しておくとよい。作問の授業では，子どもたちが相互に解き合い相互に採点し合っているため，教師による採点時間が生じないというメリットもある。採点時の机間指導においては，知識・技能の評価も可能である。

(3) 問題例の紹介

　小学校での実践事例の詳細は，小川・平田（2017）を参照されるとよい。授業の構成は，基本的に（2）の中学校での流れを踏襲して行うことが可能である。ここでは小学校での作問の授業においても，思考力，判断力，表現力等の育成を目指し，「学習した科学的知識を再生・活用すること」や「児童自らが日常生活や社会との関連を図ること」をねらいとして実施した。児童らが作成した問題を紹介する。

図 17-7 ではバーベキューという児童にとって馴染みのある場面（日常生活や社会）を設定している。そして，うまく焼けない理由を「燃焼の仕組み」での学習内容を活用して答えさせる問題となっている。

図 17-8 では「電気の利用」の学習内容をもとに，家庭生活における電気の効率的な利用という場面設定がなされ，日常生活や社会との関連が図られている。

このような問題を児童が作ることができるようになると，しめたものである。

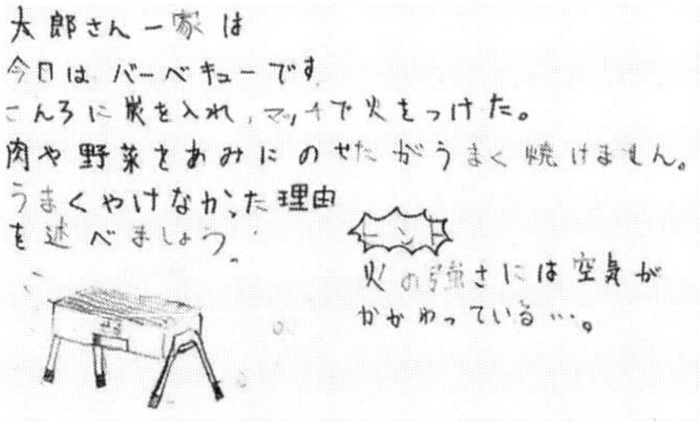

図 17-7　作問事例 A

（小川・平田（2017）より引用）

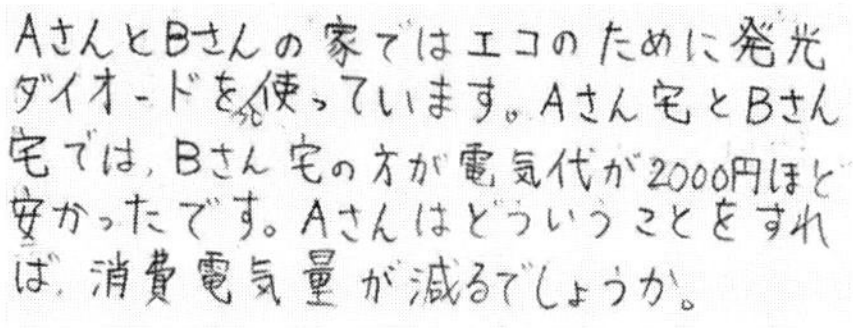

図 17-8　作問事例 B

（小川・平田（2017）より引用）

（4）学年進行に伴った作問の授業のヒント

実際に作問の授業を行うことはそんなに難しいことではない。他の教科や領域でも実施可能である。機会を設けて実施してほしい。

学年進行による発達段階の差も考慮したい。3 年生や 4 年生では問題をつくることはなかなか難しいだろう。まずは今回のような自由度の高い問題に慣れてもらう取組があるとよい。そのためには，6 年生が作った 3 年生や 4 年生の学習内容の問題を，3 年生や 4 年生に取り組んでもらうのがよいだろう。なぜなら，上級生が作った問題であるという親近感から，問題に取り組みやすい。そして 6 年生になると，自分たちも上級生と同じような問題をつくるということが，1 つのロールモデルとなる。これは，従来の学校教育において，体育大会や合唱コンクール，様々な縦割りの活動などを通して，上級生の取組に憧れ，到達目標として捉えてきたことと同じことだといえる。

小学校では5，6年生での連続した取組がよいだろう。まず6年生がつくった問題を5年生に解かせることから行うとよい。5年生は問題に慣れることから始める。6年生になると単元を俯瞰した形で作問できるようになっていることだろう。その際，最初の例題だけは教員が用意する必要がある。

③ 作問の授業における学習効果

作問の授業では，問題を解くだけの授業よりも，多様で柔軟な考えが求められるため，問題解決力，理解力を伸ばし，知識を増やし，定着させる機会を与えてくれるなどの学習効果が多数報告されている。ここで紹介してきた作問の授業でも，問題を子どもが自ら作成し，相互に推敲し，問題を解くという学習活動を通して，子どもが思考力，判断力，表現力等を高めることに有効であることが実証されている。

2時間目における作問の学習では，知識の活用や問題作成時の思考についての効果が高い。特に問題推敲時において思考活動が伴っていたことが実証されている。

3時間目における問題を相互に解き合う学習では，知識を活用する力，科学的に考える力，記述問題に答える力についての効果が高く，学習者自身もその学習効果を実感している。

④ 作問の授業における評価

作問の授業において，評価はどのように行えばよいのだろうか。実は観点別学習状況の評価の3観点に基づく評価が可能であり，さらに評価にかかる時間を短縮することもできる（授業時間中に済ませてしまうことが可能である）。成果物としての問題や解答が残されているため，じっくりと評価し，フィードバックすることも可能である。

（1）評価の3観点との関連

評価の3観点である「知識・技能」「思考・判断・表現」「主体的に学習に取

り組む態度」と，作問の授業における指導段階との関連を表17-1に示す。もちろん，実際に授業を行っていく際に（学年進行や単元や実施時期によっては），その重点が異なってくることも考えられる。例えば，

表17-1　作問指導段階と評価の観点との関連

（平田（2020）を参考に加筆・修正）

時間	授業段階	知識・技能	思考・判断・表現	主体的に学習に取り組む態度
1時間目	下書き作問段階	◎	○	◎
2時間目	コメント段階	○	○	○
	話し合い活動	○	◎	○
	推敲・清書段階	○	◎	◎
3時間目	相互解答	◎	○	△
	採点・コメント	◎	○	△

小学校第5学年の1学期であれば，問題を解くことを重点におき，ある程度慣れてきた学年の後半になってから問題をつくることに重点におくのもよい。そして，小学校第6学年では，採点基準や相互解答，添削を行うといったことも考えられる。また，問題をつくる下書きの段階から完成までの過程に対話的な指導を行った授業と，作成された問題を用いた発表を重視した授業とでは，当然評価の観点の重点が違ってよい。実際の授業において重視した能力に見合った観点を設定するとよいだろう。さらには，下書き段階や推敲段階は，「主体的に学習に取り組む態度」において示されている，粘り強い取組や自己調整にもつながると捉えることができる。

（2）ルーブリックを用いた評価

　評価においては，適正かつ負担感が少ない評価方法が求められている。作問の授業では，3時間目の授業中にある程度の評価を行うことができるという点がメリットである。加えて成果物としての問題や解答が残されているため，後日にも評価が可能である。表17-2は小学校の授業実践をもとに開発したルーブリックである。1点と2点はおそらく簡単に見分けが付くだろう。2点と3点の差についてはボーダーゾーンの見極めが必要であるが，そんなに戸惑うことはないだろう。3点と4点の例を図17-9に示す。また一度ルーブリック（またはそれに準じたもの）を設定しておくことで，成果物を回収後に多くの時間をかけることなく，評価を実施していくことが可能となる。

表 17-2　作成した問題を評価するためのルーブリック（4 点満点）

（小川・平田（2021）を参考に加筆）

4	次の 3 つの観点が含まれた問題となっている ①　学習した科学的知識を活用するなど，思考を問う問題となっている。 ②　問題の場面が日常生活や社会の場面となっている。 ③　複数の解答が得られる問題となっている。ただし，知識の複数再生を問うている場合は，単純再生による従来型の問題と同様に扱う。
3	3 つの観点のうち①と②，もしくは①と③を含んだ問題となっている。
2	①もしくは②を含んだ問題となっている。
1	3 つの観点全てが当てはまらない。（いわゆる従来型の問題）
0	無回答もしくは理科の問題として不適切である。

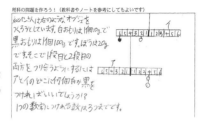

図 17-9　小学生の作問事例（小川・平田（2021）より引用）　左は 4 点の例，右は 3 点（観点①及び③を満たし，観点②を満たしていない）の例

5 作問の授業実施に向けて

　例えば，「本書第 2 部の内容を踏まえ，素朴概念とは何かを解説したうえで，思考力，判断力，表現力等を育む授業指導案を提案しなさい」という問題はいかがだろうか。この問題文に対する改善点を提案してほしい。そして，改善した問題に対する模範解答と採点基準を作成してみよう。問題をつくり解き合う授業を実施することは，それほど難しく身構えることではない。ルーブリックがなくても，ぜひ実施してほしい。そして，この作問の授業は他の教科や領域でも実施可能であることを認識し，機会があれば多くの教科や領域において実践することを願っている。

最後に，ここまでの学びを生かして，本書の内容の一部またはこれまでの学習内容について，作問（問題作成，採点基準，模範解答例）してみてほしい。

引用・参考文献
　平田豊誠（2015）：子どもが問題をつくり合い答え合う授業—理科における作問指導を通した思考力育成と評価に関する実践的研究—，渓水社
　平田豊誠（2020）：思考力の育成をめざす「子どもが問題を作る」授業，田中耕治編，2019年改訂指導要録対応シリーズ・学びを変える新しい学習評価　理論・実践編3　評価と授業をつなぐ手法と実践，ぎょうせい，pp.103-117
　小川博士・平田豊誠（2017）：小学校理科における作問を取り入れた授業に関する研究—児童の「やりがい」「興味」「学習効果感」に焦点を当てて—，こども教育研究，2，pp.1-10，京都ノートルダム女子大学
　小川博士・平田豊誠（2021）：小学校理科場面解決型作問授業における児童が作成した問題を評価するためのルーブリック開発—小学校第6学年の児童を対象に—，佛教大学教育学部学会紀要，pp.75-84

学習の課題
1. この章で学び取った内容について，作問してみよう（問題，採点基準，模範解答例を作成してみよう）。
2. ここまでの学びを生かして，読者の皆さんの理科において得意な単元や一番好きな・自信のある単元や題材をもとに，例題を作問（採点基準，模範解答例含む）してみよう。

【さらに学びたい人のための図書】
　平田豊誠（2015）：子どもが問題をつくり合い答え合う授業—理科における作問指導を通した思考力育成と評価に関する実践的研究—，渓水社
　　⇒作問指導について理論的，実証的に研究した1冊。作問内容や採点基準，模範解答の具体例も豊富に取り上げられており，実践授業に取り入れていくヒントとなる。

　田中耕治編：2019年改訂指導要録対応シリーズ・学びを変える新しい学習評価理論・実践編3　評価と授業をつなぐ手法と実践，ぎょうせい
　　⇒授業づくりにつなげるための新しい評価の在り方・取り組み方をまとめた5冊シリーズの内の1冊。本巻では具体的な手法及び評価方法が紹介されており，作問の授業以外にも授業実践へのヒントがたくさん得られる。

（平田豊誠）

話合い活動—Think-Pair-Share

1 探究的な学習における話合い活動

　本節では，探究的な学習活動について考えながら，深い学びを実現させる話合い活動の具体例を示していく。理科授業における話合い活動は非常に重要な位置を占める。特に，目で見ることのできない科学概念を扱うという点は，理科固有の特徴であり，教師の発問が果たす役割は非常に大きい。例えば，「気体は目で見ることができない」と言葉では理解していても，水蒸気と湯気の違いについて分かりやすく説明することは難しい。教師は，こうした点を理解し，発問を工夫しながら，授業をデザインしていく必要がある。教師の発問は，児童の思考の深まりや拡がりを大きく変える。そのため，発問を含めた教材研究をすることの意味は，必然的に授業展開を変えていくことにつながる。ただ，現実問題として，授業には時間的制約がある。したがって，丁寧な説明を繰り返すための発問を活用し，授業があまり進まないような授業展開をするよりも，授業をテンポよく進めていくための発問を活用し，授業が計画通り進んでいく授業展開を優先させるのが現実的である。ただ，これを踏まえ，折衷案として，実践的に活用可能な教授方法を検討することは大変意義深い。本節では，その折衷案の1つとして，話合い活動 "Think-Pair-Share" を提案する。

　欧米では，継続的な科学的思考習慣が身に付いた学習者を育成することに実績がある STEM "Science, Technology, Engineering and Mathematics" 教育が行われている。STEM 教育の実践手法は，米国の STEM 教育の理論的支柱である「K-12 科学教育のためのフレームワーク（National Research Council of the National Academies, 2012）」に示されている。探究活動の意義について，探究活動（プラクティス）だけでは活動になり，学習内容（コンテンツ）だけでは暗記になる，と端的に述べている。図 18-1 に示す探究活動と学習内容の両輪をなすイメージが STEM 教育における探究活動の1つの形であり，深い

学びの実現のための第一歩なのである。そのた
め，普段の理科授業では，例えば，「理科の知識
を追認しただけのことを行い，結果的に，新たな
疑問が生じていないというパターンに陥っていな
いか」「楽しかった実験の思い出だけが記憶に残っ
ていて，その結果，科学的知識を獲得していない
というパターンに陥っていないか」などを確認し
ながら，授業計画を立てることが重要である。実
際に，学校教育現場では「科学教育は知識を覚え
させるものだろうか」という疑問にぶつかること
が考えられる。また，子どもたちに定期試験や入
学試験で高得点をとらせることを重視して，科学
技術に関する事柄に対して暗記を有力な学習法と
捉えたような教育が存在している。科学技術は，
自然との対話，あるいは共存活動である。した
がって，暗記学習で捉えた場合，科学技術に関す

図 18-1　STEM 教育にお
　　　　　ける探究活動

る子どもたちの探究活動は，ややもすると受身になりがちである。その場合
は，日常生活に使えなくてもよいような知識を含めて覚え，その知識を追認す
るための探究活動を行っていることになってしまうのである。そして，学習者
は蓄積された知識を，要領よく活用することで入学試験や考査等の問題が解け
ることに満足感を得ているのかもしれない。ここで生じる矛盾は，自然現象に
は明確な解がある（唯一正解指向）という児童生徒の誤った理解が原因の1つ
である。実際は，自然現象は明確なプロセスによって引き起こされ，それに対
応する解があるのである。いうまでもなく，両者には大きな違いがある。「実
験が楽しい」の先にある自然理解に通じる知的好奇心を促進させるためにも，
図 18-1 に示すイメージの下で実践される教育は大変意義深いものがある。そ
のイメージは，理科実験が「面白かった」「楽しかった」「またやりたい」だけ
にならないようにすることにつながるのである。特に，小学校理科では，体験

第Ⅲ部
授業実践力の向上のために

を通して学ぶことに意味があり，自然を教材とした体験活動や自然との対話が，児童らの学校における自然認識の入り口となる。しかし，自然の中で活動させてさえおけばよいというものではない。自然の中で楽しく走り回ることは，児童らにとっては当たり前のことで，楽しさの先にある知的好奇心を促進することにつながるかどうかは別問題である。そこで，活動を通じたワークシートや，活動後の感想文に意義が認められる。ただし，例えば，感想文が「面白かった」「楽しかった」などの決まりきった結びで終わるような内容であれば，理科のねらいは達成できない。活動を学習に結び付け，「体験から学び，論理を獲得させる」「自分の考えをまとめる」ことにまで高めるには，それなりの教師の支援が必要である。次節以降，実際の授業で活用可能なワークシートについて検討していきたい。

2 話合い活動を支える理論：社会的構成主義と足場掛け

　社会的構成主義の立場では，学習者に与えられた情報が，他者と交わる活動を通して精緻化され再構築される過程を学習と見なしている。そのため，授業は，教師主導，学習者中心という一方向のものではなく，図18-2のように，教師と学習者，学習者同士という学びの相互交流を実現させていく必要がある。こうした社会的関わりが，学習者自身の発達に大きな影響を及ぼすと考えられる。ウォルッシュら（2005）は，ヴィゴツキーの発達の最近接領域（以下，ZPD概念）を踏まえた上で，社会的構成主義に基づく学びは，質の高い発問における重要な特徴を補強するものであると指摘し，質の高い発問には適度な難しさが必要だと述べている。そこで，認知的葛藤を生起させ，学習者の思考活動を促進させるため，図18-3のように，力を合わせれば何とかできるというような適

図18-2　学びの相互交流

図18-3　ZPD概念について

度な難しさを考慮した教材研究が必要である。理科授業づくりの前提条件として，教材研究の段階では，簡単すぎず難しすぎないという条件を満たす教材を選択し，仲間や教師と共に話し合う必然性が生まれるようにすることは大切であ

【コラム18-1】発達の最近接領域について
　ヴィゴツキー（1935）は，言語は思考過程を直接的に促進させるものと捉え，学びの中心にある言語や対話の大切さを強調し，ZPD概念（発達の最近接領域）に拡張させている。既知の内容で構成された授業は，学習者のZPD概念が実現されないものである。反対に，学習者の想像力を捉える授業は，ZPD概念の中に積極的な働きかけを行い，それが実現される可能性があると考えられる。

る。また，学習者が自分の力で課題を遂行できるように促すための理論の1つに足場掛けという考え方がある。足場掛けとは，1975年にブルーナーが，ヴィゴツキーのZPDに基づいて提唱した理論である。この理論に基づき，子どもたちの既有の知識を特定化するための最も一般的な教授方略は，1986年にオーグルが開発したK-W-L "Know, Want to Know, Learned" チャートであると言われている。本節では，このK-W-Lチャートをもとに，足場掛けの考え方を解説する。このK-W-Lチャートという教授方法は，3つの段階に分けられる。最初のK "Know" は，「知っていることは何ですか」という意味で用いられ，授業前に既に知っているトピックについてまとめたり，議論したりする段階である。次のW "Want to Know" は，「知りたいことは何ですか」という意味で用いられ，最初のKの段階でまとめた内容に基づき，知りたいことや興味あることに関する一連の疑問をまとめる段階である。最後のL "Learned" は，「学んだことは何ですか」という意味で用いられ，これまでに学習してきた知識を用いて，Wの段階でまとめた疑問に答えたり，学んだ新しい情報をまとめたりする段階である。このK-W-Lチャートを実際の授業で活用する場面を想定すれば，図18-4に示すワークシートのようになる。これにより，現在理解していることを整理した上で，その先の学習に進んでいくことができる。

"K" 知っていること	"W" 知りたいこと	"L" 学んだこと

図 18-4　実際の授業で活用可能な K-W-L チャート

（Ogle, 1986 をもとに筆者が作成）

③ 話合い活動の実際

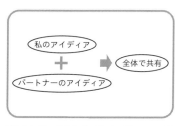

図 18-5　Think-Pair-Share の
イメージ図

　足場掛けの理論に基づく話合い活動の1つに "Think-Pair-Share" がある。具体的には，図 18-5 のように，はじめに1人で考え（私のアイディア），次にパートナーと協力し（パートナーのアイディア），最終的にクラス全体で共有する（全体で共有）という教授方法である。これにより，ディスカッションの際に全員を巻き込むことが可能になる。この考え方に基づき，実際の授業で活用可能な "Think-Pair-Share" ワークシートを図 18-6 のように作成した。

"T" 私のアイディア	"P" パートナーのアイディア	"S" 全体で共有

図 18-6　実際の授業で活用可能な T-P-S ワークシート

（Pope, 2013 をもとに筆者が作成）

図 18-7　滝をのぼる水滴

　高等学校物理実験には，図 18-7 のように，ストロボスコープを使って，この水滴を観察し，水滴が放物運動の軌跡を描いていることを確認させる実験がある。この実験

を実際に行うと，水滴は落下したり，止まったり，のぼったりするように見え，実験そのもののインパクトが強く，生徒たちの記憶に残りやすい。ただ，実際の授業では，自然現象の原理の説明にまで踏み込まず，軌跡の観察をするだけになるの

【コラム 18-2】滝をのぼる水滴
　ストロボスコープを使って，図 18-7 の水滴を観察してみると，水滴は落下したり，止まったり，のぼったりするように見える。日常生活では，車のタイヤのホイールが進行方向とは逆に回転しているように見えることがあるが，これも同じ原理である。
　水滴だけではなく，扇風機の羽根を使うこともできる。扇風機の羽根にあらかじめメッセージ（例えば，Science など）を書いておき，扇風機を回転させながら，メッセージを読ませることができる（肉眼で観察可能）。

が現状であった。そこで，自然現象の原理を可能な限り説明する理科授業，換言すれば「楽しかった」の先にある知的好奇心を刺激させるための理科授業を検討する試みを行った。中学生を対象に授業を行ったところ，図 18-8 のワークシートが完成した。

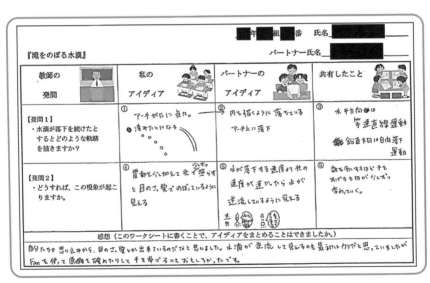

図 18-8　中学生の書いた T-P-S ワークシート

"Think-Pair-Share" ワークシートは「私のアイディア」「パートナーのアイディア」「共有したこと」で構成されるものだが，図 18-8 のように「パートナーのアイディア」の欄は「私のアイディア」の記述内容を書き写すケースが多く見られた。そこで「パートナーのアイディア」の欄は，図 18-9 のように「私たちの仮説」とすることにした。これにより，理科固有の "Think-Pair-Share" ワークシートが完成した。図 18-10 は，小学生を対象に授業を行った際のワークシートであり，2 人で話し合った予想を書いていることが分かる。

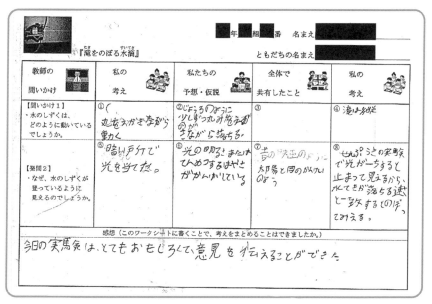

図 18-9　改訂版 T-P-S ワークシート

図 18-10　小学生の書いた改訂版 T-P-S ワークシート

探究的な学習活動に基づく深い学びの実現のために，STEM 教育の実践手法を手掛かりに，学習のつながりを考慮することが重要である。そこで，今，理科授業で求められる内容領域を，教科横断的な視点で統合し，次の学習につなげていけるように，新たに「生じた疑問」という学習過程を記録として残すことを考えた。その結果，図 18-11 に示すように，1 つの問いかけが解決した段階で，新たに「生じた疑問」を記録する欄を設けた。

	【工夫2】全体で共有した段階で「生じた疑問」を考えさせる。			
教師の発問 	私のアイディア 	私たちの仮説 	全体で共有したこと 	生じた疑問
【問いかけ 1】 ・質量の小さい台車を静止させ，質量の大きい台車を走らせて正面衝突をさせたとき，互いに受ける力の大小関係はどうなるか。	①	②	③	④

図 18-11　改訂版の "Think-Pair-Share" ワークシート

　さらに，深い学びの実現のためには，質の高い発問，換言すれば「メタ認知的支援を支える本質的な部分を探究するために用いる発問」が必要であると考えられる。沖野・松本（2011）によれば，メタ認知的支援とは「素朴概念の明確化」「素朴概念の獲得過程の明確化」「素朴概念と科学的概念の接続・照合」という 3 つの教授方略を段階的に支援する教授方法である。子どもたちの科学というのは，仮説に基づく実験を通して検証されたものではなく，日常経験から多くのことを学んできたものである。したがって，科学者たちの科学とは異なる事柄が多く含まれる。そのため，子どもが学習以前にもっている概念のことを素朴概念とよぶこともある。授業を通して，子どもたちの誤った考え方を変容させるべきだと捉えるだけではなく，積極的にその存在を認めながら，子どもの学びを成立させるのが理科教師の支援となる。具体的には，「その考え方は，どのような経験から身に付けたのだろうか」という発問によって，素朴

概念の獲得過程を明確化するメタ認知的支援が考えられる。この考えを踏まえ，図 18-12 に示したワークシートを作成することができた。

教師の発問	私のアイディア	私たちの仮説	全体で共有したこと	生じた疑問
【問いかけ 1】 ・質量の小さい台車を静止させ，質量の大きい台車を走らせて正面衝突をさせたとき，互いに受ける力の大小関係はどうなるか。	①	②	③	④
【問いかけ 2】 ・その考え方は，どのような経験から身につけたのだろうか。	⑤	⑥	⑦	⑧
感想（このワークシートに書くことで，アイディアをまとめることはできましたか。）				

図 18-12　メタ認知的支援を踏まえた "Think-Pair-Share" ワークシート

　図 18-12 のようなワークシートをもとに話合い活動を行うことで，探究的な学習活動を通した主体的・対話的で深い学びの実現が期待されるものと考えられる。特に，本節では "Think-Pair-Share" ワークシートを事例として，どのようにすれば，「探究活動」「社会的構成主義」「足場掛け」といったようなキーワードを踏まえた「話合い活動」ができるのかを検討してきた。まずは，実際の授業場面で，図 18-12 に示す理科固有の "Think-Pair-Share" ワークシートを活用した授業について考え，独自のワークシートを作成してほしい。

引用・参考文献

National Research Council of the National Academies. (2012)：A framework for K-12 science education：Practices, crosscutting concepts, and core ideas, The National Academies Press, pp.41-82

Ogle, D. (1986)：K-W-L：A teaching model that develops active reading of expository text, Reading Teacher, 39 (6), pp.564-570

ヴィゴツキー著，土井捷三・神谷栄司訳（1935／2003）：「発達の最近接領域」の理論－
教授・学習過程における子どもの発達，三学出版，pp.21-22

Pope, G.（2013）：Questioning Technique Pocketbook, Teachers' Pocketbooks, pp.84-85

Walsh, J., & Sattes, B.（2005）：Quality Questioning, Research-Based Practice to Engage
Every Learner, Corwin Press, pp.53-54

学習の課題

1. 社会的構成主義とは，具体的にどのような立場だろうか。また，それは理科授業に
   どのような場面で活用できるだろうか。
2. 足場掛けを考慮した授業の工夫について考えてみよう。具体的に，授業中に活用可
   能なプリントやワークシートを作成してみよう。
3. 社会的構成主義に基づく教授方法として照会した "Think-Pare-Share" を用いて，理
   科授業のどのような場面で活用できるか考えてみよう。

【さらに学びたい人のための図書】

山岡武邦（2021）：発問フレームワークに依拠した理科授業の開発，風間書房
⇒発散的発問から収束的発問を行う構造で自然現象を説明する理科独自の発問フレーム
ワークを構築した過程や，本節で紹介した "Think-Pare-Share" について，具体的な
実践報告を含め，分かりやすく解説している。

Blackburn, B.（2014）：Rigor in Your Classroom；A Toolkit for Teachers, Routledge
⇒実際の授業で活用可能なプリントやワークシートが多く紹介されるとともに，それぞ
れの解説も詳しく書かれている。

（山岡武邦）

事項索引

【アルファベット】

ALCAT（Astronomy Live Camera And Telescope） ⋯⋯⋯⋯⋯ 168
A 物質・エネルギー ⋯⋯⋯⋯ 22, 23
B 生命・地球 ⋯⋯⋯⋯⋯⋯ 22, 23
GIGA スクール構想 ⋯⋯⋯⋯ 158
ICT ⋯⋯⋯⋯⋯⋯⋯⋯⋯⋯⋯ 155
OPP シート ⋯⋯⋯⋯⋯⋯⋯ 197
PISA ⋯⋯⋯⋯⋯⋯⋯⋯⋯⋯⋯ 35
Scientia（スキエンティア） ⋯⋯⋯⋯ 8

【あ行】

足場掛け ⋯⋯⋯⋯ 223, 224, 225, 229, 230
アセスメント ⋯⋯⋯⋯⋯⋯⋯ 176
アブラナの花 ⋯⋯⋯⋯⋯⋯⋯ 161
新たな疑問 ⋯⋯⋯⋯⋯⋯⋯⋯ 59
アルビレオ ⋯⋯⋯⋯⋯⋯⋯⋯ 150
一枚ポートフォリオ評価 ⋯⋯⋯⋯ 197
遺伝的多様性 ⋯⋯⋯⋯⋯⋯⋯ 89
糸電話 ⋯⋯⋯⋯⋯⋯⋯⋯⋯⋯ 122
インターネット望遠鏡 ⋯⋯⋯⋯ 168
ウィルス ⋯⋯⋯⋯⋯⋯⋯⋯ 94, 183
宇宙視点 ⋯⋯⋯⋯⋯⋯⋯⋯⋯ 153
運搬 ⋯⋯⋯⋯⋯⋯⋯⋯⋯ 100, 103
運搬作用 ⋯⋯⋯⋯⋯⋯⋯⋯⋯ 104
液性 ⋯⋯⋯⋯⋯⋯⋯⋯⋯⋯⋯ 77
エネルギー ⋯⋯⋯⋯⋯ 22, 24, 113
エネルギー資源の有効利用 ⋯⋯ 59, 68, 171
エネルギーの捉え方 ⋯⋯ 59, 60, 61, 113
エネルギーの変換と保存 ⋯⋯ 59, 66, 68
エネルギー領域 ⋯⋯⋯⋯⋯⋯ 171
オゾン ⋯⋯⋯⋯⋯⋯⋯⋯⋯⋯ 91
音 ⋯⋯⋯⋯⋯⋯⋯⋯⋯⋯⋯⋯ 112
音の共有化 ⋯⋯⋯⋯⋯⋯⋯⋯ 167
音の伝わり方と大小 ⋯⋯⋯⋯⋯ 112
オリエンテーリング ⋯⋯⋯⋯⋯ 165

【か行】

解決の方法を発想する ⋯⋯⋯⋯ 49
解決の方法を発想する力 ⋯⋯⋯ 26
階層性 ⋯⋯⋯⋯⋯⋯⋯⋯⋯⋯ 85
概念 ⋯⋯⋯⋯⋯⋯⋯⋯⋯⋯ 54, 191
概念の形成過程 ⋯⋯⋯⋯⋯⋯ 83
科学 ⋯⋯⋯⋯⋯⋯⋯⋯⋯⋯⋯ 8
化学結合 ⋯⋯⋯⋯⋯⋯⋯⋯⋯ 72
科学史 ⋯⋯⋯⋯⋯⋯⋯⋯⋯⋯ 194
科学的 ⋯⋯⋯⋯⋯⋯⋯⋯⋯ 40, 41
科学的に考える力 ⋯⋯⋯⋯⋯ 217
科学に関する教育 ⋯⋯⋯⋯⋯ 12
「科学」の定義 ⋯⋯⋯⋯⋯⋯⋯ 9
化学変化 ⋯⋯⋯⋯⋯⋯⋯⋯⋯ 125
鍵層 ⋯⋯⋯⋯⋯⋯⋯⋯⋯⋯⋯ 109
学習指導要領 ⋯⋯⋯⋯⋯⋯⋯ 20
学習指導要領解説 ⋯⋯⋯⋯⋯ 20
学習者中心 ⋯⋯⋯⋯⋯⋯⋯⋯ 174
学習全体を通した自己評価 ⋯⋯ 197
学習と指導と評価の一体化 ⋯⋯ 207
学習と評価の一体化 ⋯⋯⋯⋯ 207
学習目標 ⋯⋯⋯⋯⋯⋯⋯⋯⋯ 202
学習履歴欄 ⋯⋯⋯⋯⋯⋯⋯⋯ 197
学問の分類 ⋯⋯⋯⋯⋯⋯⋯⋯ 8
学力モデル ⋯⋯⋯⋯⋯⋯⋯⋯ 204
下弦の月 ⋯⋯⋯⋯⋯⋯⋯⋯⋯ 149
火山灰 ⋯⋯⋯⋯⋯⋯⋯⋯⋯⋯ 107
可視化 ⋯⋯⋯⋯⋯⋯⋯⋯⋯⋯ 198
化石 ⋯⋯⋯⋯⋯⋯⋯⋯⋯⋯⋯ 179
仮説 ⋯⋯⋯⋯⋯⋯⋯⋯⋯⋯ 49, 136
仮説演繹法 ⋯⋯⋯⋯⋯⋯⋯⋯ 11
課題解決の過程 ⋯⋯⋯⋯⋯⋯ 39
過熱水蒸気の実験 ⋯⋯⋯⋯⋯ 130
下方侵食 ⋯⋯⋯⋯⋯⋯⋯⋯⋯ 104
考え方 ⋯⋯⋯⋯⋯⋯⋯⋯⋯ 23, 126
関係付け ⋯⋯⋯⋯⋯⋯ 29, 119, 186
関係付けて調べる ⋯⋯⋯⋯⋯ 28

関係付ける ……………………………… 25
観察 ……………………………………… 49
観点別学習状況の評価 ………………… 217
記述問題に答える力 …………………… 217
気体検知管 …………………………… 50, 160
気体測定器 ……………………………… 160
帰納法（帰納主義） …………………… 11
客観性 …………………………………… 41
級化層理 ………………………………… 107
教師の教育観 …………………………… 206
教師用 OPP シート …………………… 206
共通性 …………………………………… 84
共通性・多様性の視点 ………………… 24
共同体中心 ……………………………… 175
興味・関心 ……………………………… 16
教養的・文化的価値 …………………… 15
銀河鉄道の夜 …………………………… 150
金属, 水, 空気と温度 ………………… 82
空気と水の圧縮 ………………………… 75
空気と水の性質 ………………………… 74
空気の組成 ……………………………… 127
具体的操作期 …………………………… 188
クッキングブック ……………………… 49
形式的操作期 …………………………… 188
形成的評価 …………………………… 174, 208
系統分類 ………………………………… 84
血液の流れ ……………………………… 166
結果 ……………………………………… 38
結実 ……………………………………… 142
言語化 …………………………………… 190
広域火山灰 ……………………………… 109
広域テフラ ……………………………… 109
工作的発問 ……………………………… 141
構成主義 ………………………………… 192
構成主義学習論 ………………………… 9
誤概念 …………………………………… 191
呼吸 ……………………………………… 87
国際学力調査 …………………………… 35
固結 ……………………………………… 108
子どもの科学 …………………………… 9
子どもの思考の特徴 …………………… 73

根拠のある仮説や予想を発想し表現する
　こと …………………………………… 30
根拠のある予想や仮説を発想する力 … 26
昆虫 ……………………………………… 54

【さ行】

再結晶 …………………………………… 80
再現性 …………………………………… 41
差異点や共通点 ………………………… 48
砂岩 …………………………………… 107, 109
作問 ……………………………………… 210
砂層 ……………………………………… 109
酸化反応 ………………………………… 125
三球儀 …………………………………… 154
酸素 …………………………………… 129, 160
酸素の性質 ……………………………… 130
三葉虫 …………………………………… 91
産卵床 …………………………………… 170
自覚化・意識化 ………………………… 197
時間的・空間的 ………………………… 100
時間的・空間的な視点 ………………… 24
思考・判断・表現 …………………… 215, 217
思考活動 ………………………………… 217
試行錯誤 ………………………………… 171
思考力, 判断力, 表現力等 …… 20, 21, 22,
　　　　　　　　　　　　 25, 30, 185, 214
自己調整 ……………………………… 208, 218
自己評価 ………………………………… 197
資質・能力 …………………………… 21, 185
自然科学 ………………………………… 8
自然に関する教育 ……………………… 12
持続可能な開発 ………………………… 92
実験 ……………………………………… 49
実証性 …………………………………… 41
実体験 …………………………………… 48
質的・実体的な視点 …………………… 24
実用性や有用性 ………………………… 15
視点の共有化 …………………………… 154
指導と評価の一体化 ………………… 176, 207
指導目標 ………………………………… 202
社会的構成主義 …………………… 223, 229, 230

種子 ················ 136, 163
主体的 ················ 49, 145
主体的・対話的で深い学び ····· 14
主体的に学習に取り組む態度····· 208, 217
種多様性 ················ 89
受粉 ················ 142
樹木 ················ 165
消化 ················ 87
消火 ················ 130
小学校学習指導要領················ 171
消火の 3 要素・4 要素 ················ 132
条件制御················ 88, 106, 186
条件を制御 ················ 135
条件を制御する ················ 25
状態変化 ················ 71
食草 ················ 164
シルト ················ 99
心音器 ················ 167
進化ゲーム ················ 164
侵食 ················ 100, 103
侵食作用················ 104
診断的評価 ················ 174
振動 ················ 114
水素イオン指数（pH） ················ 77
水素イオン濃度［H+］ ················ 77
水中の小さな生物 ················ 94
水溶液 ················ 50, 162
水溶液の均一性 ················ 81
水溶液の性質 ················ 77, 81
水和 ················ 80
水和イオン ················ 80
スキーム ················ 188
ステラナビゲーター ················ 150
ストリングラフィ ················ 123
砂 ················ 99, 107
ずれ ················ 54, 140, 143, 145
星座カメラ ················ 168
星座カメラ i-CAN ················ 148
星座盤 ················ 147
生態系の多様性 ················ 89
生態系のピラミッド················ 92

成長 ················ 141
生命 ················ 22, 24, 135
生命の連続性 ················ 87
石灰水 ················ 50
絶対評価 ················ 177
選択運搬 ················ 102
選択運搬作用 ················ 103
総括的評価 ················ 174
双眼実体顕微鏡 ················ 166
相対評価 ················ 176
双方性 ················ 199
側方侵食 ················ 104
素朴概念 ················ 71, 191
素朴な考え方 ················ 71
疎密波 ················ 114

【た行】

代謝 ················ 87
堆積 ················ 100, 103
堆積作用················ 105
堆積物重力流 ················ 107
対話的 ················ 218
縦波 ················ 114
タブレット ················ 154
多面的 ················ 126
多面的に考える ················ 25, 186
多様性 ················ 84
探究学習 ················ 188
探究活動················ 60, 61, 66, 68, 191, 229
探究過程 ················ 33
探究の過程 ················ 39
単元タイトル ················ 197
炭酸水 ················ 50
地球 ················ 22, 24
地球視点 ················ 153
知識・技能 ················ 217
知識及び技能 ················ 20, 21, 22, 30, 185
知識中心 ················ 174
知識の活用 ················ 217
知識を活用する力 ················ 217
地層 ················ 107

知的好奇心 ……………… 54, 59, 70
知は力なり ……………………… 8
沖積河道 …………………… 102
チョウ …………………… 164
通常流 ……………………… 107
月の満ち欠け …………… 153
月の満ち欠けクラフト ……… 156
泥岩 ………………… 107, 109
泥層 ……………………… 109
てこの規則性 …………… 204
手作りの聴診器 ………… 167
電気の利用 ……………… 171
天体観察 ………………… 147
到達目標 ………………… 177
動物の誕生 ……………… 201
溶ける …………………… 162
土砂崩れ ………………… 98
土石流 …………………… 98
土着科学 ………………… 9
泥 ………………… 99, 107

【な行】

内化・内省・外化 ……… 197
夏の大三角 ……………… 148
波 ………………………… 114
二酸化炭素 …………… 52, 160
日常生活や社会 ……171, 211, 215
日常生活や社会との関連 ……129, 130, 133
人間性の涵養 …………… 201
認知構造 ………………… 197
熱運動 …………………… 72
熱源 ……………………… 129
粘り強い取組 …………… 218
燃焼 ……………125, 129, 130
燃焼概念 ……………… 129, 133
燃焼の3要素 ……129, 130, 131, 132, 133
燃焼の仕組み ………77, 125
粘土 ……………………… 99

【は行】

排出 ……………………… 87

破砕・摩耗 ……………… 102
破砕・摩耗作用 ………… 102
発芽 ……………………… 135
話合い活動 ………… 221, 223, 225, 229
花のつくり ……………… 161
バネ電話 ………………… 123
パフォーマンス課題 …… 180
バムーン ………………… 154
比較 ……………… 119, 186
比較する ………………… 25
光と音の性質 …………… 112
百葉箱 …………………… 169
評価活動 ………………… 215
評価基準 ………………… 177
評価規準 ………………… 177
評価中心 ………………… 174
ピンセット ……………… 161
フィードバック ………… 176
風化 ……………… 98, 100
深い学び ……… 145, 221, 228, 229
不思議な絵 ……………… 62
物質の三態 ……………… 83
振り子 …………………… 45
プログラミング ………… 171
プログラミング教育 …… 171
分級作用 ………………… 107
ヘチマ …………………… 163
ポータブルデータロガー ……… 169
星の色 …………………… 151
本質的な問い …………… 197

【ま行】

混ざる …………………… 162
学びに向かう力, 人間性等 ……… 20, 21, 22, 30, 185
学ぶ意味 ………………… 203
学ぶ必然性 ……………… 205
見方 ……………………… 23
見方・考え方 …………… 119
未固結 …………………… 108
ミジンコ ………………… 95

見通し ……………………………… 49

見通しをもつ ……………………… 41

見通しをもって …………………… 41

無機養分 …………………………… 88

めあて ……………………………… 48

メダカ ……………………… 166, 170

メダカの卵 ………………………… 166

メタ認知 …………………………… 198

燃える物（可燃物）……………… 129

ものづくり ………………………… 171

物と重さ …………………………… 79

物の溶け方 …………………… 72, 79

問題解決 ……………… 45, 137, 185

問題解決の過程 ……… 26, 32, 39, 117

問題解決の力 ……… 21, 25, 26, 30, 126

問題を見いだす …………………… 48

問題を見いだす力 ………………… 26

【や行】

有機養分 …………………………… 88

有用感 ……………………………… 133

ユールストローム図 ……………… 104

溶解度 ……………………………… 80

予想 ………………………………… 49

より妥当な考えをつくりだす力 ……… 26

【ら行】

理科 ………………………………… 12

理科の考え方 ……………………… 26

理科の見方・考え方 ……………… 23

理科を学ぶ意味・意義 …………… 15

粒径 ………………………………… 104

粒子 …………………………… 22, 24

粒子概念 …………………………… 71

粒子の結合 ………………………… 125

粒子の存在 ………………………… 125

粒子の保存性 ……………………… 81

量的・関係的 ……………………… 119

量的・関係的な視点 …………… 24, 28

ルーブリック ………………… 177, 218

礫 ……………………………… 99, 107

礫岩 …………………………… 107, 109

礫層 ………………………………… 109

論理的思考力 ……………………… 171

【わ行】

ワイヤレスデータロガー …………… 169

人名索引

F. ベーコン ………………………… 8

Huxley, T.H. ……………………… 15

Taylor ……………………………… 192

アリストテレス …………………… 64

ヴィゴツキー ……………………… 223

小川（小川正賢）…………………… 9

オズボーン ………………………… 66

角屋（角屋重樹）………………… 13

ガリレオ …………………… 65, 195

佐藤毅彦 …………………………… 154

ゼンメルワイス ……………… 35, 39

フライバーグ ……………………… 69

堀哲夫 ……………………………… 204

水嶋一江 …………………………… 123

宮沢賢治 …………………………… 150

山田（山田慶児）………………… 9

編著者紹介

平田　豊誠（ひらた　とよせい）

佛教大学教育学部准教授，教育学科長，博士（学校教育学）

1972年生まれ。大阪教育大学大学院教育学研究科修士課程修了，大阪府公立中学校，大阪教育大学附属池田中学校の教諭・主幹教諭を担いながら兵庫教育大学大学院連合学校教育学研究科博士課程単位取得退学，寝屋川市教育委員会指導主事，佛教大学教育学部講師を経て現職。

主著　『子どもが問題をつくり合い答え合う授業―理科における作問指導を通した思考力育成と評価に関する実践的研究―』渓水社，2015

『新しい教職教育講座　教科教育編4　初等理科教育』（編著）ミネルヴァ書房，2018

『理科　指導の理論と実践』（共著）あいり出版，2017

『2019年改訂指導要録対応 シリーズ・学びを変える新しい学習評価　理論・実践編3　評価と授業をつなぐ手法と実践』（共著）ぎょうせい，2020

『教育評価重要用語事典』（共著）明治図書出版，2021

小川　博士（おがわ　ひろし）

京都ノートルダム女子大学現代人間学部准教授，博士（学校教育学）

1981年生まれ。埼玉大学教育学部卒業後，静岡県浜松市の公立小学校教諭として勤務。現職教諭の傍ら，兵庫教育大学学校教育研究科専門職学位課程修了，同大学大学院連合学校教育学研究科博士課程修了，京都ノートルダム女子大学心理学部講師を経て現職。

主著　『新しい教職教育講座　教科教育編4　初等理科教育』（共著）ミネルヴァ書房，2018

『新しい教職教育講座　教職教育編8　総合的な学習の時間』（共著）ミネルヴァ書房，2018

執筆者一覧　　*五十音順，所属は 2021 年 12 月現在。

安部洋一郎（あ べ よういちろう）　西宮市教育委員会指導主事，博士（学校教育学）　　第 4 章，第 11 章

小川博士（お がわひろ し）　前掲　　　　　　　　　　　　　　　　第 2 章，第 10 章，第 13 章

加藤圭司（か とうけい じ）　横浜国立大学教育学部教授，博士（学校教育学）　　　　　　　第 1 章

高橋信幸（たかはしのぶゆき）　京都府立桃山高等学校教諭，
　　　　　　　佛教大学通信教育課程非常勤講師，博士（学校教育学）　　第 15 章

中島雅子（なかじままさ こ）　埼玉大学教育学部准教授，博士（学校教育学）　　第 6 章，第 16 章

名倉昌巳（な ぐらまさ み）　岩手大学教育学部特命准教授，博士（学校教育学）　　第 7 章，第 14 章

平田豊誠（ひら た とよせい）　前掲　　　　　　　　　　　第 3 章，第 8 章，第 17 章

松本榮次（まつもとえい じ）　佛教大学非常勤講師，慶應義塾大学共同研究員，
　　　　　　　司法書士，博士（学校教育学），修士（法学）　　第 12 章，第 13 章

向井大喜（むかい だい き）　大阪教育大学教育学部特任講師，博士（学校教育学）　　　　　第 9 章

山岡武邦（やまおかたけくに）　東海学園大学教育学部准教授，博士（学校教育学）　　第 5 章，第 18 章

小学校理科を教えるために知っておきたいこと
――初等理科内容学と指導法――

2022（令和4）年1月28日　初版第1刷発行

編著者：平田豊誠・小川博士
発行者：錦織圭之介
発行所：株式会社 東洋館出版社
　　　　〒113-0021　東京都文京区本駒込5丁目16番7号
　　　　営業部　電話03-3823-9206　FAX03-3823-9208
　　　　編集部　電話03-3823-9207　FAX03-3823-9209
　　　　振　替　00180-7-96823
　　　　ＵＲＬ　http://www.toyokan.co.jp
装丁：小倉祐介
印刷・製本：藤原印刷株式会社

ISBN978-4-491-04722-5　Printed in Japan